행복에 이르는 길

지금 행복한가?

이상규 지음

도서출판 해조음

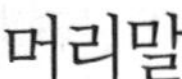

머리말

'행복', 참 좋은 말이다. 사람치고 행복하기를 바라지 않는 예는 찾아보기 힘들 것이다. 그러나 뜻대로 되지 않는 것이 행복이다. 돈이 많다고 행복해지는 것이 아니고, 권력으로 행복을 얻을 수 있는 것도 아니며, 보챈다고 해서 되는 일도 아니다. '행복'이라는 것이 누구나 추구할 정도로 좋은 만큼 그것을 얻기 위한 값도 치러야 한다. 2015년의 무역 수출고(輸出高)가 세계 6위에 이르고, 유엔의 기대수명이나 문자해독률 등 객관적 지표 조사 결과 130여 개 국가 가운데 15위라는 한국이 국민 개개인의 행복도 조사에서는 무려 94위라는 믿기 어려운 위치로 곤두박질친 것은 바로 '행복'이 지니는 특징을 잘 나타내는 것이라고 할 수 있다. 아무리 경제나 교육수준 및 의료설비 등 객관적 상황이 좋다고 하더라도 개개인의 생활환경에 대한 각자의 주관적 평가가 부정적이라면 행복과는 거리가 먼 것이다. 국민 개개인의 행복지수가 낮다는 것은 곧 행복을 저해하는 요인인 괴로움과 불안에 시달림이 많다는 것을 나타낸다.

지금은 좀 잠잠해졌지만, 몇 년 전만 해도 '힐링' 이라는 말이 유행어처럼 널리 쓰이고, 각종 언론매체에서조차 '힐링' 이라는 용어가 빈번하게 쓰였던 것을 기억한다. '힐링' 이라는 말이 치유(治癒)한다는 뜻으로 쓰이는 것이니, 정신적인 괴로움이거나 육체적인 고통이거나를 가릴 것 없이 치유(治癒)하고, 고친다는 것은 반가운 일임에 틀림없다. 문제는 갑자기 '힐링' 열풍(熱風)이 불었던 것은 무슨 이유에서 일까? 한 가지 분명한 것은 '힐링' 에 열광하는 것은 그만큼 '힐링' 의 필요성을 절실하게 느끼고, 막연하나마 그에 대한 기대가 크기 때문이라고 할 수 있다. 결국, 우리가 삶을 이어가고 있는 사회에 괴로움과 불안이 만연하고 있음을 보이는 증거라고 할 수 있다.

현대사회=스트레스 라는 등식(等式)이 성립될 수 있다고 해도 결코 지나침이 아니리만큼, 오늘날의 생활은 약간의 예외를 제외하고는 스트레스의 연속이라고 할 수 있는 상황이 벌어지고 있다. 청년실업률의 증가, 경쟁의 심화(深化), 국제화의 촉진에 따른 변화주기(變化週期)의 단축, 스마트 폰의 보급에 따른 페이스북, SNS 및 카카오톡 등의 생활화가 가져온 관심의 분산과 정신적 산만화(散漫化) 등, 이루 말할 수 없는 요인들로 말미암아 사람들은 마음 편히 지낼 수 있는 여건을 거의 모두 잃고 만 셈이다. 그러자니, 육체적인 피로는 뒤로 하고라도, 정신적인 강박과 괴로움이 이만저만한 것이 아니다. 그것은 근년의 자살률의 급증이 잘 보여주고 있다. 그러니, '행복' 이 들어설 여백(餘白)이 보이지 않는다고 해도 결코 지나침이 아닐 정도이다.

'힐링' 이 되었건 무엇이 되었건 상관없이 '행복' 에 장애가 되는 요인(要因)들을 제거하고, 우리가 추구하는 '행복' 한 삶을 실현하는 것이 급선무이다. 인생은 짧다. 괴로움에 시달리며 낭비할 시간은 없다. 그러니, 우리의 청정한 심성을 뒤덮고 괴롭힘으로써 '행복' 을 가로막는 것들을 떨쳐내고 괴로움과 불안에서 벗어나야 한다. 그러려면, 괴로움과 불안을 가져온 원인을 제대로 파악함으로써 그 원인을 도려내야 한다. 마치 병이 나면 병원에 의사를 찾아가 병을 진단하고, 필요한 약을 처방받아 지은 약을 스스로 시간을 맞추어 성실하게 복용(服用)해야 하는 것과 같다.

저자는 솔직히 우리 국민의 행복지수가 130여 개 국가 가운데 94위에 자리한다는 보도를 보고 크게 자극을 받았다. 저자가 이 글을 쓰려고 마음먹은 이유도 바로 그 자극으로 인한 것이라고 할 수 있다. 이 글을 통해서 하려한 것은 우리의 '행복' 을 가로막고 있는 겹겹이 쌓인 괴로움과 불안의 원인과 거기에서 벗어나는 길을 제시함으로써 우리 모두가 효과적으로 행복한 삶을 추구할 수 있도록 하려는 것이다. 이 작은 책이 정신적 괴로움과 불안을 털어내고 행복에의 길을 앞당기는 길을 찾는 분들에게 조금이라도 도움이 될 수 있다면 더 없는 기쁨이겠다.

끝으로, 항상 양서(良書)의 출판을 위하여 노력하는 '해조음'의 이주현 사장께서 이 책의 출판을 흔쾌히 맡아주었을 뿐만 아니라, 유별나게 더운 여름철에 직접 원고 전체를 읽고 문장 하나하나에까지 세심하게 신경을 써준 데 대하여 깊이 감사하면서, '해조음' 편집부 여러분의 노고에 고마움을 표한다.

2016. 8.

학산 이상규 씀

일러두기

1. 제2장 중 제1과 제5장 중 제1 및 제2는 저자의 『괴로움에서 벗어나는 길』(2010. 6., 해조음)을 약간 수정하여 실은 것이다.

2. 될 수 있는 대로 쉬운 우리말을 쓰되, 혼동의 우려가 있는 부분은 괄호 안에 한자나 영문을 함께 적었다.

3. 인용한 아함경은 저자 편역編譯의 『전해오는 붓다의 가르침』에 의하였다.

4. 영어권에서의 불교관계 서적이 많아짐을 고려하여 불교용어의 필요한 부분에는 괄호 안에 일반적으로 쓰이는 영어 용어를 함께 적었다.

5. 내용의 객관성을 위하여 저자의 개인적인 경험은 되도록 배제排除하였다.

목차

제3장 괴로움과 종교

제4장 '나'는 무엇이고, 마음이란 무엇인가?

제5장 괴로움에서 벗어나는 길

제6장 행복실현의 방향

들어가면서

2,000년대 초에 우리 주변에서는 웰빙well-being이라는 말이 한참 유행하다가 웰다잉well-dying으로 바뀌더니, 얼마 전에는 힐링healing이라는 말이 유행어처럼 번졌다. 힐링 캠프나, 힐링 콘서트는 그렇다 치고 힐링 스테이, 힐링 클럽 및 힐링 강연 등 이루 말할 수 없이 '힐링' 이라는 말이 널리 쓰이다 보니 그 말에 실증이 날 정도가 되었다. 그런 탓이었는지, 근래에 와서는 그 말이 꽤 잠잠해진 것 같다. 사실, '힐링' 이라는 말의 참 뜻을 알고 쓰는 경우가 많았겠지만, 뜻은 잘 모르지만 주변에서 많이 쓰니 따라서 쓰는 경우도 있었을 것이고, 때로는 그저 감상적으로 쓰는 예조차 적지 않았던 것 같다.

그러나 말이 그처럼 빠른 속도로 퍼져나가는 데에는 반드시 그럴 만한 이유가 있기 마련이다. 그렇다면, 힐링의 경우는 과연 무슨 이유일까? '힐링' 의 사전적 의미는 "치유하는 것", "낫게 하는 것" 또는 "아물게 하는 것" 정도의 뜻을 지닌 영어 단어이다. 병이나 상처 또는 마음의 아픔 등을 낫게 한다는 말이다. 그렇다면, 그런 뜻의 낱말이 왜 그처럼 사람들의 마음을 움직이는 힘을 갖는 것일까?

원래, 진실은 스스로 힘이 있는 것이다. 사람들은 누구나 할 것 없이 '행복' 하기를 바란다. 사람들이 고생을 무릅쓰고 노력을 계속하는 것도 '행복' 해지기 위한 일이다. 그래서 한때 '잘 살기', 곧 웰빙이라는 말이 널리 퍼진 것이다. 그러나 우리 인간의 삶, 특히 현대의 인간사회는 정도의 차이는 있더라도 '행복' 은 커녕 괴로움과 좌절挫折의 연속이라고 해도 결코 지나침이 아닐 것이다. 먹고 살기 위해서, 자녀를 교육시키기 위해서, 공부가 제대로 되지 않아서, 부모를 보살피기 위해서, 직장을 구하기 위해서, 사업이 잘 돌아가지 않아서, 경쟁이 너무 심해서, 돈이 제대로 돌지 않아서 등등 이루 헤아릴 수 없이 많은 걱정거리와 근심으로 마음 편할 날이 없다. 어렵던 일이 풀려 잘 되는가 싶은 것도 잠깐이고, 다시 새로운 걱정거리가 기다리고 있다. 그러니, 마치 장마철의 비처럼 근심이 잘 날이 없고, 그러자니 쌓이는 것은 스트레스뿐이다. 프랑스의 17세기 철학자 데카르트Rene Descartes는 "나는 생각한다. 그러므로 존재한다."라는 유명한 말을 남겼다. 그런데 현대사회에서의 삶이 여러모로 고달프다 보니, 사람들 중에는 이 말을 빗대어 "나는 괴롭다. 그러므로 죽고 싶다."라고 비아냥거리는 예조차 볼 수 있게 되었다. 그러니 막상 바라는 '행복' 은 그림의 떡이고, 바라지 않는 '괴로움' 만이 첩첩이 쌓인다. 여기에 '힐링' 이라고 하니, 얼마나 반갑고 기다리던 말이겠는가? 괴로움을 없앤다니, 그 괴로움만 없어지면 바로 '행복' 이 찾아들 것만 같다.

그러나 한 가지 분명히 할 일이 있다. 당면한 괴로움을 없애면 바로 '행복' 이 그 자리를 메우고 찾아들 것 같지만, 그것은 큰 오산誤算이다. 우선, 당면한 괴로움이 사라진듯하면 또 새로운 일로 인한 괴로움이 몰려들고, 그러한 과정은 끝을 모르고 반복되는 것이 통상적인 예이다. 그러나 어찌되었건 '힐링' 그 자체는 좋은 일이다. '힐링' 은 '행복' 에의 장애를 제거하는 효과를 기대할 수 있기 때문에 그러한 점에서 본다면 '힐링' 은 행복에의 길이라고 할 수도 있다.

'행복' 에 관해서 살펴보려면 먼저 그에 대한 장애요인이라고 할 수 있는 '괴로움' 을 알아야 한다. 고치고 없애야 할 '괴로움' 이란 과연 무엇이고, '괴로움' 은 어디에서 오는 것인지를 알아야 그 '괴로움' 이라는 병을 고치고 '행복' 에 접근할 수 있기 때문이다. 병이 나서 병원에 찾아가면, 의사가 처음 묻는 것이 "어디가 좋지 않아서 왔습니까?" 라는 질문이다. 어디가 어떻게 아픈지를 묻는 말이다. 문진問診과 청진聽診 등을 통해서 그 환자의 병을 대략 판단한 다음, X선이라던가 CT 등 영상의학기기影像醫學器機를 활용한 검사 등으로 병을 확진確診하고 그 병의 원인을 파악함으로써, 효과적인 치료방법을 강구하는 것이 상식적인 순서인 것과 비슷한 일이다. 그래서 병을 어느 정도 다스려야 비로소 재활운동再活運動 등을 통해서 정상을 회복한 다음에, 일상적인 생활에 들어갈 수 있는 것과 마찬가지 일이다.

제 1 장

인간과 행복

제1. 행복이란?

1. 행복의 개념

18세기 프랑스의 철학자이자 민약론民約論으로 유명한 루소Jean Jacques Rousseau는 "모든 사람은 행복하기를 원한다. 그러나 그러려면 먼저 무엇이 행복인지 알아야 한다." 라는 말을 남겼다. 우리는 너나 할 것 없이 '행복' 을 추구하고, '행복' 이라는 말을 쉽게 쓰지만, 막상 그 뜻을 말하려 하면 선뜻 입을 벌리기 어려운 것이 '행복' 이다. 그것은 일반 사람들만의 일이 아니라, 전문가들의 경우도 크게 다를 것이 없다. 그래서이겠지만, 이른바, 전문가들이 내리는 '행복' 의 개념도 구구하다.

심리학자들은 일반적으로 '행복' 을 "사람들이 그의 현재생활의 전체적인 질質을 긍정적으로 평가하는 정도"라고 개념 짓는가 하면, 많은 철학자들은 "행복이란 사람의 전체적인 삶을 통해서 느끼는 기쁨의 발산發散" 정도로 정의하는 것 같다. 그런가 하면, 베르그송Henri Bergson같은 철학자는 심지어 "행복이란 복잡하고 모호한 것을 나타내는 데 쓰는 용어로서, 각자가 그의 방식에 따라 해석할 수 있도록 일부러 애매하게 남겨놓은 말"이라고 정의하기까지 하지만, 이는 '행복' 의 개념이란 정확히 설명하기 어렵다는 것을 나타내려 한 것에 지나지 않는다고 할 수 있다.

하기야, 산골 마을에서 면장을 하면서 매우 행복해 하는 사람이 있는가 하면, 정부에서 장관을 하면서도 늘 불만스러워하거나, 잘 나가는 대기업의 소유자owner이면서 자기 기업을 더 빨리 키우지 못해서 안달을 하는 사람도 적지 않다. 반면에, 고물古物을 주워 어렵게 생계를 유지하는 사람이 얼마 되지 않는 수입에서나마 꾸준히 저축한 돈을 독거노인獨居老人을 위하여 기부하였다는 기사가 보도되어 독자들의 가슴을 뭉클하게 한 예도 없지 않다. 그러니, '행복' 이라는 말이 얼마나 주관적인 것인지를 짐작할 수 있다. 다만, 한 가지 분명한 것은 '행복' 은 일시적인 기쁨 또는 무엇인가를 이룸으로써 맛볼 수 있는 환희歡喜나 즐거움과는 구별된다는 점이다. 희망했던 명문대학의 입학시험에 합격했다거나 바라던 회사에 취업이 되면 날을 것 같은 기쁨을 맛보게 되며, 오랫동안 고심하던 일이 잘 풀려 사업이 원활하게 돌아가게 되었을 때의 즐거움은 무엇으로도 바꿀 수 없을 것이다. 또, 심각한 병고病苦에 시달리던 사람이 오랜 투병鬪病 끝에 건강을 회복하게 되면 본인은 물론 주변에서 근심스럽게 지켜보던 가족들도 더할 수 없는 즐거움과 안정을 맛보게 된다. 그러나 이러한 기쁨이나 즐거움 또는 안정감 등은 일시적인 감정상태感情狀態에 지나지 않고, 약간의 시간만 지나고 나면 언제 그런 느낌이 있었느냐는 듯이 사라지고 마는 것이 통상적인 예이다.

그렇다면, '행복' 이란 과연 무엇일까? '행복' 은 여러 가지 측면에서 볼 수 있겠지만, 저자로서는 우선 긍정적인 마음에서 우러나오는 적극적인 삶에 대한 자신의 충족감充足感이라고 정의할 수 있을 것 같다. '행복' 은 다름 아닌 주관적인 감정이기 때문에, '행복' 의 중심적인 동력은 바로 긍정적이고 적극적인 마음이다. 그러므로 '행복' 이야말로 주관主觀의 영역에 속하는 것이고, 상대적이긴 하지만 일시적인 것이 아니다. 그래서, '행복' 한지 아닌지에 대한 정확한 판단자判斷者는 바로 자기 자신이라는 것이다. 곧, 자기 스스로가 행복하다고 느낄 때 정말 행복하다는 것이다. 그것은 우리의 행동과 상황들이 자신의 내면內面과 뇌가 추구하는 바에 따라 이루어지고, 외부의 다른 무엇에 의하여 제한되거나 강요되지 않는다는 것을 뜻한다.

'행복' 은 그 말이 지니는 주관성主觀性과 상대성相對性 때문에 사회규범社會規範의 차원에서 가치로서의 성격을 쉽사리 인정받지 못하는 것이 보통이나, 우리나라 헌법은 인간의 존엄尊嚴과 가치를 규정한 제10조에서 '행복추구권' 을 함께 명시明示하고 있다. 그러나 그것은 "국민이 행복을 추구하기 위하여 필요한 급부給付를 적극적으로 국가에 요구할 수 있는 것을 내용으로 하는 것이 아니라, 국민이 행복을 추구하기 위한 활동을 국가권력의 간섭 없이 자유롭게 할 수 있다는 포괄적인 의미의 자유권적自由權的인 성격을 가지는 것"에 지나지 않는 것으로 보는 것이 우리 헌법재판소의 입장이다.[1] 행복추구권에 대한 이와 같은 소극적인 법적 태도도 결국 '행복'의 개념이 지니는 주관성과 모호성을 반영하는 것이라고 할 수 있다.

2. 행복은 인생의 목적인가?

사람이라면 누구나 예외 없이 더욱 더 행복하고 괴로움 없는 삶을 원할 것이다. 과연 그렇다면, '행복'은 그 자체가 인생의 목적인가? 아니면, 보다 나은 인생을 위한 수단인가?

우리는 성장하면서 부모님으로부터, 학교에서는 선생님으로부터, 그리고 사회에 나가면 각종 선배 등으로부터 쉴 사이 없이 여러 가지 지도를 받는다. 구태여 이들 가르침의 최대공약수最大公約數를 말한다면, "열심히 공부해서 좋은 학교에 가고 좋은 일자리를 얻어 성실하게 일하여 성공하면 행복하게 살 수 있다."는 정도일 것이다. 이러한 공식적이거나 비공식적인 교육은 알게 모르게 우리의 머릿속에 깊이 들어박혀 일

1) 憲裁 2007. 3. 29. 선고 2004헌마207.

생을 지나는 동안 삶에 대한 동기부여動機附與에 크게 작용하는 것이 사실이다. 그렇다면, 성공이 먼저이고, 행복은 그 다음에 따라온다는 등식等式이 된다. 과연 그럴까?

저자와 어려서부터 가깝게 지내던 한 친구의 예를 들어보자. 밤낮 없이 열심히 공부해서 원하던 명색이 일류대학에 입학하게 되어 본인은 물론 온 가족이 기뻐했음은 물론이다. 그러나 그 기쁨은 며칠이 길다고 사라지고, 곧 새로운 경쟁이 시작되었다. 전공분야가 법학인지라, 으레 고등고시(지금의 사법시험에 상응) 준비를 하게 되고, 그러자니 쉴 사이 없이 밤낮으로 수험준비를 위한 공부에 매달릴 수밖에 없는 노릇이다. 요새는 상황이 많이 달라졌지만, 1950대부터 70년대 까지만 해도 고등고시에 합격만 하면 특별한 잘못이 없는 한 적어도 법조인이나 관료로서의 앞날은 튼튼하게 보장된 것으로 여기는 것이 통상적인 예이었다. 그러니, 법과대학생이라면 거의 예외 없이 수험준비에 몰두할 것은 짐작할 만한 일이다. 그러나 1년에 한 차례 치르는 고등고시의 행정과와 사법과의 합격자 수가 각각 50명에도 미달한 것이 보통이니, 합격한다는 것이 오히려 예외에 속하는 일이라고 할 정도이고, 따라서 그 친구도 5, 6회의 도전 끝에 결국 포기하고 말았다. 그 후 생계生計를 위하여 취직을 모색하였으나 그 일도 그리 쉽게 풀리지 않다가, 다행하게도 모 중앙행정기관에 자리를 얻게 되었다. 그때의 기쁨이야 오직하였겠는가? 그러나 그것도 며칠의 일이고, 날이면 날마다 밀려드는 통상적인 일에 몸이 매어 있는 사이에 어느덧 정년을 맞이하게 된 것이다. 한 사람의 인생역정人生歷程의 큰 줄거리만을 극히 간략하게 요약한 것이지만, 이는 많은 사람에게서 볼 수 있는 일반적인 예가 아닐까 싶다.

사람들은 의도한 일이 다행히 성취되면 그 성취로 인한 기쁨이 채 사라지기도 전에 이미 생각은 다음 단계의 일로 옮겨 가 있는 것이 보통이다. 다할 줄을 모르는 것이 사람의 욕망欲望이고, 욕망은 또 새로운 요망을 불러옴으로써 지칠 줄 모르고 반복을 거듭한다. 욕망을 괴로움의 산실産室이라고 하는 것도 바로 그 까닭이다. 그러자니, 사람들은 행복을 추구한다고 하면서 무지개를 좇고 있는 격이며, 다람쥐가 쳇바퀴를 돌고 있는 꼴이다. 그래서, 행복이 찾아오려 해도 들어올 틈이 없다. 이렇게 본다면, '행복' 이란 성공을 뒤따르는 결과물은 아닌 것 같다.

앞에서 '행복' 의 요소의 하나는 긍정적이고 적극적인 마음의 상태라고 하였다. 화엄경에서 뚜렷이 밝힌 바와 같이 모든 것은 마음이 만든다一切唯心造. 일을 도모하는 것도 사람의 마음이요, 일을 추진하여 가는 동력도 사람의 마음이다. 우리가 도모하는 일의 성패成敗를 가르는 요인要因이 바로 마음인 셈이다. 비판적이고 소극적인 마음가짐으로 일을 추진한다면 그 일이 원활하게 이루어지기 어려울 것은 뻔한 노릇이다. 그와는 반대로, 마음이 모든 일에 긍정적이고 적극적인 경우에는 어려운 일이라도 쉽게 풀릴 수 있음은 물론, 주변에서도 호의적好意的일 것임은 쉽사리 짐작할 수 있는 일이다. 이와 같이 본다면, 행복감幸福感은 일의 성취를 도모하는 유효한 역할을 할 수 있는 것이지, 만연히 성공에 부수되어 일어나는 결과일 수는 없다는 것을 알 수 있다. 결국, '행복' 에 관한 연구로 유명한 다니엘 질베르Daniel Gilbert 같은 사람의 견해와 같이 진정한 만족은 결과보다는 노력하는 과정 자체에서 온다는 것이다. 오히려 목표점에 도달하고 나면 실망을 느끼는 경우가 많다는 말이다.[2)]

3. 행복의 조건

런던 정경대학London School of Economics의 레이야드Richard Layard교수는 그의 저서[3)]에서 "우리는 더 많은 음식, 더 많은 의복, 더 많은 차, 더 큰 집, 더 많은 중앙난방, 더 많은 해외휴식, 더 짧은 근무시간 및 좋은 일자리와 더욱 나은 건강상태를 유지한다. 그러나 우리는 더 행복하지 않다. 만일, 사람들이 더 행복하기를 바란다면 우리는 무엇이 행복을 만들어내는 조건이고 어떻게 그것을 가꾸어나갈지를 잘 알아야 한다."라고 강조하였다. "가난한 행복"happy poor이라는 말을 연상하게 하는 말이

2) 상처받지 않는 삶, 알렉산드르 졸리앙 외2/송태미 역, 2016, p.50.
3) Happiness: Lessons from a New Science, 2005.

다. "행복은 돈으로 살 수 없다"는 말도 있듯이, 경제적인 풍요와 행복과는 직접 관계되는 것이 아니다.

'행복'은 각자의 삶의 질質: quality에 대한 주관적인 평가에서 우러나는 감정상태이기 때문에 다른 사람이나 다른 사회와의 비교로 판단될 수 있는 성질이 아니다. 저자는 10여 년 전에 스리랑카Sri Lanka를 찾았을 때 내심內心 크게 놀란 적이 있다. 당시만 해도 스리랑카는 경제적으로 낙후落後되었을 뿐만 아니라(지금도 크게 변하지 않았다), 북부 산악지대에는 반군叛軍들이 때도 없이 준동蠢動하여 치안조차 불안한 상태에 있었다. 고달픈 삶에 괴로움이 많을 것이란 선입견先入見을 품고 그곳에 간 것이 사실인데, 막상 그곳에 이르고 보니 가는 곳마다 사람들의 밝은 표정과 친절함 그리고 활기찬 삶의 모습은 방문객을 놀라게 하고도 남음이 있었다. 담불라 석실사원Dambulla石室寺院과 아누라다푸라탑塔: Anuradhapura 등을 찾아가는 도중의 시골 풍경은 1950, 60년대의 우리나라 농촌을 연상하기에 족한 것이지만, 마을 앞 개천에서 풍덩거리는 천진난만天眞爛漫한 아이들, 논밭에서 일하면서 소리 내어 웃어대는 마을 사람들의 즐거운 모습, 그리고 지나는 나그네에 대한 친절함 등은 경제적 풍요를 자랑하는 서구사회를 훨씬 웃도는 것이었다. 그들이야말로 참으로 행복한 삶을 누리는 사람들이라는 느낌이 들지 않을 수 없었고, 가난한 행복happy poor이라는 것이 바로 이런 것임을 실감하게 하였다.

한편, 히말라야의 협곡에 있는 작은 나라 부탄Bhutan은 인구로 보나 국토 면적으로 보나 경제 규모로 보나 매우 작은 나라의 하나일 뿐만 아니라, 많은 사람이 저개발국가低開發國家: underdeveloped nation로 인식하고 있는 나라이다. 부탄이 저개발국가라면 누구 입장에서 무엇을 기준으로 한 저개발국가라는 말인가? 묻지 않을 수 없다. 부탄은 그들의 전통을 유지하고 히말라야의 자연환경을 보전하면서 자기들 나름의 행복한 생활을 유지하고 있으며, 행복지수幸福指數가 세계 1위에 오른 나라이다. 위에서 든 예는 물질적 풍요나 현대적 생활방식 따위는 행복을 위한 필요조건이 아니라는 것을 단적으로 보여준다.

그렇다면 행복을 위한 조건은 과연 무엇일까?

첫째로 생각할 수 있는 것은 행복은 내면적內面的인 것이라는 점이다. 행복은 사회적인 지위나 경제적인 상태 등과 같은 외형적外形的인 것으로 성취될 수 있는 것이 아니라, 각자의 마음가짐으로 좌우되는 것이다. 모든 일에 의심투성이고 부정적이며 소극적인 마음을 갖거나 오욕五欲[4]이 들끓는 마음으로 행복을 기대한다는 것은 그야말로 연목구어緣木求魚격인 일이다. 행복하려면 먼저 행복이 찾아들 만한 마음의 상태, 행복을 불러올 마음가짐이 갖추어져야 한다. 그것은 곧 긍정적이고 적극적이며

4) 오욕五欲이란 재욕財欲, 색욕色欲, 명예욕名譽欲, 식욕食欲 및 수면욕睡眠欲을 말한다.

포용력包容力이 있는 마음의 상태이다.

둘째로 행복은 각자의 몫이다. 그러므로 행복은 비교하면 거리가 멀어진다. 우리 속담에 "남의 떡은 커 보인다."라거나 "내 고뿔이 남의 염병보다 더하다."라는 말이 있다. 내 것이나 나의 사정을 남의 것과 비교하면 실제와 관계없이 남의 것이 나아 보인다는 뜻이다. 일종의 자기 비하적卑下的인 말이지만, 사람의 심리상태를 잘 나타낸 것이라고 할 수 있다. 그런데, 사람들은 자기나 자기 것을 으레 남의 것과 비교하려는 습성이 있고, 비교하면 남의 것이나 남의 처지가 상대적으로 좋게 느껴지는 것이 보통이다. 그러니, 항상 불만이 따라 다닐 수밖에 없다. 어디 그뿐인가? 사람들은 거의 맹목적으로 새것을 추구하는 경향이 강하다. 어렵사리 구해서 소중하게 쓰고 있는 물건도 새것이 나와 누군가가 가지고 있는 것을 보면 벌써 마음은 잘 쓰고 있던 자기 것을 떠나 새것으로 쏠리고, 어떻게 해서든지 자기도 그것을 손에 넣으려고 애를 쓰는 예가 많다는 것을 우리는 잘 안다. 어렵게 리스lease로 자동차를 새로 사면 기쁘기 짝이 없어, 이리 보고 저리 보며, 행여 조그마한 흠집이라도 생길세라 조심함은 물론, 주말마다 스스로 세차洗車하기가 바쁘다. 그러나 4, 5년도 채 되기 전에 새 유형의 차가 나와 이웃 동료가 운전하고 다니는 것을 보면 새 연식年式의 차가 탐이 나고, 얼마 전까지 그처럼 아끼던 자기 것이 고물로 전락顚落되고 만다. 비교의 되풀이는 결국 무모한 주행기走行器: reckless treadmill 타기에 불과한 일이고, 행복과의 거리를 넓힐 뿐이다.

셋째로 행복은 한시적限時的 단편적이 아닌 전체적인 삶의 모습에 관한 일이다. 특정한 일이 성취된다거나 바라던 물건을 입수한 경우와 같은 단편적인 경우의 성취감은 한때의 기쁨은 될지언정 행복이라고 할 수는 없다. 그와 마찬가지로 기다리던 친한 친구를 만나 담소한다거나 사랑하는 사람과 여행길에 오르는 것과 같은 경우 역시 즐거움이라고는 할지언정 진정한 의미의 행복이라고는 하지 않는다. 행복은 마음에서 우러나 관계 속에서 싹 트고 자라는 것이다.

이 세상에 그 혼자만으로 존재할 수 있는 것은 하나도 없다. 정도의 차이는 있을지언정 모두가 서로 일정한 유기적인 관계를 유지하면서 서로 의지하는 상태가 존재의 바탕이 된다는 것은 누구나 쉽사리 이해할 수 있는 일이다. 이와 같은 상호의존관계相互依存關係를 제대로 이해함으로써 실체實體도 알 수 없는 '나' 나 '내 것' 에 얽매이지 않고 주변과의 관계성關係性을 마음으로부터 존중하여 상호부조相互扶助할 때에 행복은 자연히 찾아드는 것이다. 그러므로 행복은 관계성, 곧 '함께' 를 자양滋養으로 하여 자란다고 할 수 있다.

4. 지금의 행복이어야

행복은 지금의 것이어야 한다. "항상 현재에 행복하십시오."Please always be happy at present. 스리랑카 켈라니아정사Kelania Temple의 큰스님 마힌다 테라Mahinda Tera가 나에게 한 작별인사의 말이다. 나는 그 말을 들은 뒤 그 깊은 뜻을 두고두고 되새기게 되었다. 곰곰이 생각하면 퍽 뜻 깊은 말임을 알 수 있다. '현재'란 바로 지금을 말하는 것이고, 지금이란 지나간 과거나 아직 오지 않은 미래가 아닌 바로 현재의 이 순간을 말한다는 것쯤은 누구나 아는 일이다. 그러나 시간은 쉴 사이 없이 흘러가는 것이고 보니, 순간임을 느끼는 바로 그때에 그 순간은 과거로 흘러가고, 기다리고 있던 미래가 그 자리를 메우고는 새로운 순간임을 자처한다. 그러나 그 순간 또한 마찬가지 일이다. 그러니, 지금은 엄격히 말하여 순간이라기보다는 찰나刹那나 찰나의 10분의 1에 해당한다는 육덕六德[5] 정도의 것이라고 하는 것이 옳을 것 같다. 원래, 시간의 흐름이란 찰나 찰나라는 점의 연속으로 볼 수 있어서, 연속된 지금이 아니면 '지금'으로서의 의미가 없는 셈이다. 이태리 태생의 저명한 양자물리학자 카를로 로벨리Carlo Rovelli의 말처럼 그러한 시간의 흐름은 "세상 안에 있고, 그 세상 안에서 그리고 양자들 사이의 관계에서 만들어진 것이어

5) 고대 인도에서의 짧은 시간 단위.

서, 이 양자들 간에 발생하는 사건들이 곧 세상이고 그 자체가 바로 시간의 원천"인[6] 것이니, 우리에게 실제로 의미가 있는 것은 바로 '지금'인 것이다.

그러므로 행복은 지금 현재의 것이어야 한다고 하는 것이다. 과거는 지나간 것이고, 지나간 것은 이미 사라진 것이며, 사라진 것은 없는 것이다. 또, 미래는 아직 오지 않은 것이고, 오지 않은 것은 불확실한 것이다. 그런데도 행복했던 지난날에 매인다거나 아직 오지도 않은 미래의 행복에 목을 매는 것은 아무런 의미가 없음은 물론, 망상妄想에 속한다. 그러므로 엄격히 말한다면 '현재' 에 있는 것이 있는 것이지, 과거의 것이나 미래의 것은 관념적인 것에 지나지 않는다. 붓다께서 이르시기를 "부디 과거를 생각하지 말고 또한 미래를 원하지 말라. 과거의 일은 이미 사라졌고, 미래는 아직 이르지 않았으며, 현재에 있는 모든 일에 대해서도 생각해야 하나니, 어느 것도 단단하지 않다고 생각하라."[7]라고 가르치셨는데, 행복했던 지난날의 추억에 매몰된다거나 미래의 행복에 대한 기대에 들떠 본들 한바탕 춘몽春夢에 불과한 일이다. 추억은 아름답고, 기대는 부풀기 마련이나, 실재實在와는 거리가 멀다. 그래서 행복은 지금 느끼고 즐길 수 있어야 함은 물론이다. 불가에서 흔히 "현재에

6) 로벨리/김현주 역, 모든 순간의 물리학, 2016, p.79.
7) 중아함 43: 165 온천임천경溫泉林天經 중에서.

깨어 있으라."라고 강조하는 것도 바로 그 까닭이다. 과거에 생그리라 Sang Lira, 곧 이상향理想鄕에서 살았던들 무슨 소용이고, 미래의 전륜성왕轉輪聖王을 꿈꾼들 아무런 의미가 없는 일이며, 오직 현재의 행복만이 진정한 행복임은 다시 말할 나위조차 없는 일이다.

제2 행복과의 유사개념

행복의 개념을 혼동하지 않기 위해서 몇 가지 비슷한 개념과의 관계를 먼저 간략히 살펴볼 필요가 있다.

1. 행복과 기쁨

우리는 일상생활을 하는 과정에서 기쁨을 맛보는 경우가 많다. 기쁨이란 좋은 일, 특히 기대했던 일이 성취되었을 때에 마음이 흐뭇하고 좋아하는 상태를 가리키는 것이 보통이다. 다시 말하면, 기쁨은 감각적인 즐거움이라거나 심미적審美的 또는 지적인 자극으로 인한 직접적인 효과로 일어나는 감정의 상태를 뜻하는 것이 일반적이다. 그렇기 때문에, 기쁨은 그 성격에 비추어 안정적인 것이 못되고, 상대적이기는 하지만 오래 지속되지 않는 것이 특징이라고 할 수 있다. 그 뿐만 아니라, 기쁨은 일반적으로 일정한 행위나 상태와 연결되어 일어나거나 타인과의 관계에서 반사적으로 생기는 것이 보통이어서, 때에 따라서는 오히려 반작용反作用을 일으키는 경우조차 적지 않다.

기쁨과는 달리 행복은 단편적 피상적인 것이 아니고 마음 깊숙이에서 우러나는 삶의 총체적인 평가인 것이기 때문에, 일시적인 것이 아님은 물론, 타인의 조력이나 반사적인 효과가 필요하지 않다. 예컨대, 로또Loto에 당첨되어 많은 돈이 들어오게 되었다면 크게 기쁘겠지만, 그것을 두고 행복이라고는 하지 않는다. 반면에, 자기도 경제적으로 풍족한 편은 아니지만 추운 날씨에 어려움을 겪고 있는 이웃을 위하여 작은 금액이라도 덜어 보시布施를 하였다면 마음은 오래도록 행복감에 넘칠 것이다. 물론, 행복은 기쁨을 내포內包하는 경우가 많은 것이 사실이나, 그와는 달리 기쁨은 반드시 행복감을 함께 하지 않는 것이 보통임은 우리의 일상을 통해서 잘 아는 일이다.

결국, 행복과 기쁨 사이에는 직접적인 관계가 없다는 것을 알 수 있다. 그러나 행복과 기쁨 사이에 직접적인 관계가 없다고 해서 기쁨이 행복의 장애라고는 할 수 없으며, 그것은 기쁨을 누리는 구체적인 경우의 사정에 따라 다름은 물론이다. '행복' 이라는 말은 범어Sanskrit로 수카sukha인데, 그 말은 기쁨과 괴로움을 포함한 모든 경험 속에 깃든 행복을 뜻함과 동시에, 모든 부정적인 생각을 버리는 지혜와 사물事物의 본질을 꿰뚫어보는 지혜를 의미한다. 이에 대하여, 아난다ananda라고 불리는 기쁨은 겉으로 드러난 행복의 상태를 뜻한다. 그러므로 이 기쁨을 자주 자주 느끼고 그 느낌이 오래 지속될수록 현재를 보다 충만하게 살 수 있다. 만일, 기쁨을 얻는 과정이 정당하고 남에게 해로운 것이 아닌 때에는 그 기쁨은 행복의 요인이 될 수 있음은 물론이나, 그 반대 경우의 기뻠은 일시적인 것에 그침은 물론, 오히려 근심의 씨앗이 될 수도 있다. 아무튼, 기쁨이라거나 행복과 같은 긍정적인 감정은 자기가 세상, 특히 이웃과 조화를 이루고 있다고 생각할 때에 찾아오는데 대하여, 분노나 번뇌 또는 두려움 같은 부정적인 감정은 세상과 온전한 관념 내지 관계성이 단절되었다는 신호라고 할 수 있다.

흔히 혼용混用되는 용어로서 기쁨pleasure과 즐거움joy이 있다. 이들을 굳이 정의한다면, 기쁨이 만족감으로 충만하여 즐거워하는 것이라고 한다면, 즐거움은 마음이 흐뭇하여 기뻐하는 것 정도일 것이다. 그러므로 이 둘의 차이는 매우 애매하고 미세한subtle 것으로서, 구별의 실익實益이 거의 없다고 해도 과언이 아니다. 한 가지 분명한 것은 즐거움이 기쁨에 비하여 행복과의 거리가 근접한 상태에 있다고 할 수 있다. 왜냐하면, 즐거움은 일시적 감각성感覺性이 기쁨에 비하여 덜하기 때문이다. 예컨대, 어떤 사람이 원하던 대학의 입학시험에 합격한 경우라거나 직장에서 좋은 자리로 승진한 경우 등을 기쁨이라고 하지 즐거움이라고는 하지 않는 반면에, 자기가 바라던 여행을 한다거나 좋은 친구와 어울려 음악감상을 가는 경우 등에는 즐거움이라고 하는 편이 기쁨이라고 하는 것보다 통상적인 것은 그 예라고 할 수 있다.

2. 행복과 쾌락

우리 주변에는 쾌락설快樂說이 있을 정도이어서, 인생의 목적은 고통을 없애고 쾌락을 찾는데 있다고 주장하는 일종의 윤리설倫理說이 있을 정도로 '쾌락'의 필요성을 주창하는 사람들이 있다. 여기에서의 '쾌락'이란 욕망의 충족에서 오는 유쾌한 감정, 다시 말하면 감성感性의 만족이라는 정도로 정의할 수 있을 것 같다. 쾌락은 극히 감성적으로 고조高潮된 즐거움에 속하는 것으로, 즐거움을 가져올 만족이란 극히 단편적인 것일 뿐만 아니라, 마음속 깊이에서부터 우러나는 것이라기보다는, 외형적인 것의 자극에 의존하는 감각적인 것이 보통이기 때문에 우리의 잘 살기well-being에 연결되기 어려움은 물론, 오래 가기 어렵다. 과연 그렇다면, 쾌락은 행복과는 거리가 먼 것임을 부인할 수 없다.

그 뿐 아니라, 쾌락은 남이나 주변의 사정을 고려함이 없이 오로지 자기의 만족을 통한 향락享樂 만을 추구하는 경향이 강하여 자칫 개인주의individualism에 치우치거나 극단적으로는 이기주의利己主義: egoism에 흐를 위험조차 없지 않다. 행복하려면 위에서도 언급한 바와 같이 남과 '함께' 한다는 남에 대한 배려가 수반되어야 하고, 그래서 긍정적이고 적극적인 마음의 자세가 있어야 하는 것이다. 어느 모로 보나 쾌락은 행복과는 어울리지 않는 마음가짐이라고 할 수 있다.

다만, 사람이라면 쾌락을 만끽하고 싶은 것이 당연한 것처럼 느껴지기도 하지만, 쾌락이 행복으로 이어지는 일은 매우 드물다는 데에 문제가 있다. 진정한 행복이라고 할 수 있는 내면內面의 고요한 만족이라거나 충만한 감정은 감각적인 쾌락과는 거리가 멀다. 그러므로 한때의 감각적인 쾌락을 추구하는 사람들은 내면의 충만한 감정과는 관계없이, 한때나마 자기의 욕구를 충족시킴으로써 쾌락을 맛보려하는 것이어서, 마약痲藥에 비유할 수도 있으리만큼 위험한 일일 수 있음을 유의할 필요가 있다.

3. 행복과 괴로움

앞에서 언급한 바와 같이 '행복' 을 이해하려면 '괴로움' 과의 관계를 살펴보지 않을 수 없다. 왜냐하면, '괴로움' 은 '행복' 에 대한 장애요인일 뿐만 아니라, '행복' 과는 어울릴 수 없기 때문이다.

아프리카나 동남아의 일부 국가에서 볼 수 있는 바와 같이 일상적인 생활 여건이 극히 좋지 않은 지역을 제외한다면, 현대사회에서 생활을 영위하고 있는 사람들 가운데 많은 비율을 차지하는 사람들은 평상平常의 생활이 크게 고달프지 않은 것이 보통이다. 그러나 그것은 결코 '행복' 을 뜻하는 것은 아니다. 불가佛家에서 말하는 것처럼 '괴로움' 은 어디에나 두루 퍼져 있는 것이기 때문이다. 어떻게 보면, '괴로움' 은 우리 인간의 삶에 있어서의 공통분모共通分母일지도 모를 정도이다. 물론, 사람들은 살아가면서 즐거움이나 기쁜 일을 수시로 맛볼 수 있는 것이 사실이나, 즐거움이나 기쁨이 오면 마치 시샘이라도 하듯이 바로 괴로움이 뒤를 쫓아 찾아드는 것이 예사이다. 많은 사람이 '행복' 이란 '괴로움' 이 일시적으로 멈춘 상태에 불과한 것이라고 말하는 것도 그 탓이며, 그래서 저명한 정신분석학자인 프로이드Sigmund Freud조차 "기본성격상 행복이란 우연한 현상 이상의 것이 아니다."라고 말한 것이다. 그만큼, '행복' 을 저해沮害하는 '괴로움' 이 거의 상시적常時的임을 나타낸다.

그렇다면, 왜 '괴로움' 은 우리의 삶에 있어 거의 상시적常時的으로 찾아드는 것일까? 그러한 '괴로움' 을 없애고 '행복' 에의 길을 여는 방법은 없을까? 이들 문제를 차례로 살펴보기로 한다.

제 2 장

인간과 괴로움

제1. 인간의 삶과 괴로움

1. 괴로움

사람은 누구나 행복하기를 원하지만, 생각과는 달리 현실은 괴로움의 연속이다. 오죽하면 선인先人들이 인생은 고해苦海라 했고, 붓다께서는 성불成佛하신 뒤의 첫 설법, 곧 초전법륜初轉法輪에서 '괴로움'의 문제를 다루셨을까? 사람이 아무리 건강, 재물, 명성 그리고 능력을 가지고 있다고 하더라도, 우리는 결코 괴로움으로부터 자유로울 수 없으며, 산다는 것 자체가 곧 괴로움의 연속이라고 할 정도이다. 물론, 사람이 살아가는 데 있어서 기쁘고 즐거운 일도 적지 않고, 제법 행복을 느낄 만한 삶도 없지 않은 것이 사실이다. 그러나 문제는 기쁨이나 즐거움은 일시적인 일에 그치고, 반드시 괴로움이 밀고 들어오기 마련이라는 것이다. 모든 것은 무상無常한 것이며, 기쁨이나 즐거움도 그 범주를 벗어날 수는 없다. 기쁨이나 즐거움에 집착하고 행복감에 빠져있던 사람이 곧 실망하고, 정신적인 괴로움을 느끼게 된다는 것은 우리가 흔히 경험하는 일이다.

우리가 말하는 '괴로움'은 보통 좁은 의미의 괴로움suffering과 고통pain을 아우르는 말이다. 엄격한 의미의 괴로움suffering은 정신적인 측면이 강한 반면에, 고통pain은 육체적 측면에서 오는 경우가 많다. 물론, 좀 더 구체적으로 파고들어가 본다면 괴로움과 같은 선상에서 다룰 수 있는 것이 하나 둘이 아니다. 늙음에 대한 불안, 병이나 죽음에 대한 두려움, 사랑하는 사람과 헤어지는 슬픔, 원수 같은 사람을 만나는 불쾌함, 원하는 것을 얻을 수 없는 서글픔 등 이루 헤아릴 수 없이 많은 일들이 있고, 이들은 모두 괴로움이라는 개념 속에 포섭될 수 있는 일들이다. 그러나 괴로움이라고 하거나, 무엇이라고 부르거나 가릴 것 없이, 모든 괴로움은 결국은 마음의 문제이다. 왜냐하면, 모든 일은 궁극적으로는 마음의 작용이기 때문이다. 마음이 의식하지 못한다면 아픔도 없고 괴로움도 느낄 수 없다. 흔히 말하는 '식물인간'은 괴로움이나 고통을 의식하지 못하기 때문에 곁에서 보기에 늘 평온해 보이는 것은 그 탓이다. 결국, 뒤에서 보는 바와 같이 괴로움의 원인은 대부분이 자신의 마음에서 만들어진 것들이다. 그러면, 괴로움을 불러오는 일반적인 원인은 무엇인가?

2. 괴로움의 원인

괴로움의 원인을 밝히는 일은 괴로움을 없애는 방향과 내용을 정함에 있어 긴요한 일이다. 왜냐하면, 제대로 괴로움을 없애려면 괴로움의 원인을 정확히 알아야 하기 때문이다. 모든 일에는 반드시 원인이 있기 마련이다. 원인이 있고, 그 원인에 상응하는 결과가 나타나는 것이기 때문이다. 콩을 심어야 콩이 나지 않겠는가? 괴로움도 그 괴로움을 가져온 상당한 원인이 있어 생긴 것임은 의문의 여지조차 없는 일이다.

괴로움을 일으키는 가장 보편적인 원인으로 붓다께서는 사성제四聖諦[8] 가운데 고집성제苦集聖諦 부분에서 탐욕貪欲, 성냄瞋恚 및 어리석음愚癡을 들었다.[9] 이들 세 가지는 누가 가져다준 것이 아니라, 스스로 지어낸 것이다. 사람들은 이것이 자기의 괴로움을 낳는 독소毒素인지도 모르고 그것을 지어내고 그에 매달림으로써 괴로움을 낳고 키워 계속 끌고 간다.

1) 탐욕: 탐욕貪欲: craving이란 자기의 입맛에 맞는 일이나 물건에 애착을 느끼고 갈망하여 만족할 줄 모르고 그에 집착하는 것을 말한다. 탐욕은 사람이 살아나가는 데 있어서 꼭 필요한 것에 대한 요구를 말하는 것이 아니라, 자기의 심리적 만족을 위하여 탐하고 그에 매달리는 것을 말한다. 그러므로 탐욕은 일반적으로 사람의 오욕五欲, 곧 이성에 대한 욕망인 색욕色欲, 재물에 대한 욕망인 재욕財欲, 명예에 대한 욕망인 명예욕名譽欲, 음식에 대한 욕망인 식욕食欲 및 잠에 대한 욕망인 수면욕睡眠欲과 연관되는 것이 보통이다. 탐욕은 그 바탕에 자기 자신 조차 그 실

8) 잡아함 15: 379 전법륜경轉法輪經.
9) 이들 세 가지를 가리켜 삼독三毒이라 한다.

체를 제대로 알지 못하는 '나' 라는 것을 깔고 있다. 모든 면에서 '나' 를 앞세우고, 그 '나' 를 남과 구별하면서, 그 '나' 는 남보다 더 나아야 하고, 더 가져야 하며, 더 뜻대로 할 수 있어야 한다는 생각과 연관되어 일어나는 욕망이 곧 탐욕이다.

일반적으로 볼 때, 탐욕은 자기의 능력, 처지 또는 조건이나, 그 탐욕의 대상이 되는 것의 상태나 그것을 얻기 위한 조건 등을 깊이 생각하지 않고, 거의 맹목적으로 자기의 욕구에 매달려 헤어나지 못하는 속성을 가지고 있다. 그렇기 때문에 탐욕 그 자체가 바로 괴로움이라고 할 수 있는 것이다. 탐욕에 매달려 있는 한, 그에게 만족이란 있을 수 없고, 늘 불만을 품고 살기 마련이다. 왜냐하면, 모든 것은 무상無常한 것이어서, 한때 그가 바라는 것의 전부나 일부를 이루었다고 가정하더라도, 그 이루어진 것은 곧 변하고 사라지는 것이기 때문이다. 생겨난 것은 하나의 예외도 없이 모두 변하고 사라지기 마련이며, 그것이 우주의 진리이다. 그 뿐만 아니라. 욕구가 어느 정도 채워지면, 곧 또 새로운 욕구가 고개를 쳐들고 일어나 끝을 알 수 없다. 지난해 1월 20일의 인터내쇼날 뉴욕타임즈INYT에는 매우 충격적이면서 시사示唆하는 바가 큰 샘 포크의 기고문이 실렸다.[10] 미국 뉴욕의 월가Wall St.에서 잘 나가던 30세의 샘 포

10) 2014. 1. 20. International New York Times.

크는 2010년 1월, 800만 불이라는 거액의 보너스를 마다하고 월가를 떠났다. 경제적으로 어려운 가정환경 속에서 명문 대학인 컬럼비아대학을 졸업하자, 그는 미국에서 최대 은행인 아메리카은행BoA에 입사한 것을 시작으로, 월가의 금융회사에서 돈 잘 버는 젊은이로 통했는데, 결국 해지펀드 매니저로 자리를 옮겨 승승장구하면서 2년차의 보너스는 150만 불에 달했다. 그러나 그는 돈을 아무리 많이 벌어도 충분하지 않고, 늘 허기虛飢진 상태로 쫓기는 기분이었다. 결국, 그는 어느 날 심리상담사를 찾아 상의한 결과 의외의 답을 듣게 된다. "돈에 중독 된 것이니, 마음 속 상처inner wound를 치료하는데 돈을 좀 써보시오."라는 조언을 들은 것이다. 돈에 대한 욕심은 결코 그칠 사이 없이 눈사람처럼 자꾸 커 가기만 할 뿐, 만족의 정점은 없다는 것이다. 그 순간 "돈에 중독되었다"는 사실을 알게 된 그는 회사에서 제시하는 거액의 보너스를 뿌리치고 나와 버렸다. 그 후, 그는 새로운 인생을 출발하기까지 3년이 걸렸지만, 로스앤젤레스에서 그로서리쉽스Groceryships라는 자선단체를 만들어 돈을 기부 받아 빈곤층에 먹을거리를 무료로 제공해 줌으로써 건강한 삶을 누릴 수 있도록 돕고 있다. 포크는 월가에서 연간 수입이 수 백만 불에 달하던 때에 비해서, 지금이 "훨씬 더 행복하다"고 말한다고 한다. 이는 탐욕의 무서움을 생생하게 보여주는 산 이야기의 한 토막이다.

탐욕은 항상 "내 것은 내 것이고, 네 것도 내 것이다." 라는 생각에 더하여, 항상 '더'를 달고 살게 한다. 우리가 욕심을 부릴 때에 우스갯소리로 "내 것은 내 것, 네 것도 내 것"이라는 표현을 쓰는 예가 많은 데, 매우 적절한 비유인 것 같다. 탐욕의 보다 큰 문제는 집착을 수반하는 것이 보통이라는 점이다. 탐욕은 늘 마음이 그에 쏠리고 매달림으로써 그 탐욕에서 벗어나지 못하게 하는 속성을 지니고 있다. 지난 해 연말 한 신문에는 모 대형 금융회사 회장이 "자기 자본이 약 8조원에 이르지만 여전히 갈증이 있다."고 말한 부분이 실린 일이 있다. 그래서 흔히 탐욕을 괴로움을 낳는 암세포에 비유하고, 심하면 의학적으로 정신과에서 중독증addiction으로 취급되기까지 한다는 것은 위에서 본 인터내쇼날 뉴욕타임즈INYT에 실린 샘 포크의 글을 통해서도 쉽게 알 수 있다.

2) 성냄: 성냄 또는 진에瞋恚: hatred란 증오하고 시샘하며 화내는 것을 가리키는 것으로, 이 또한 괴로움의 중요한 원인의 하나이다. 사람들은 자기가 좋아하지 않는 것을 대하면 싫어하거나 화를 내는 수가 많다. 물론, 싫어하고 화내는 모든 경우가 여기에서 말하는 진에는 아니다. 진에라고 불리는 성냄은 단순히 싫어하거나 화를 내는데 그치지 않고, 상대를 증오하고 격하게 화를 내거나 시샘이 심하여 배척하는 경우를 가리키는 것이 보통이다. 진에는 그러한 마음을 일으킨 사람의 마음을 극도로 동요시키고, 스스로 감정을 억제하지 못할 수준에 이르게 함으로써

괴로움을 낳고, 시간이 갈수록 눈사람처럼 더 깊어지는 것이 보통이다.

그러나 성냄, 곧 누구를 미워한다거나 무엇에 화를 낸다는 것은 엄격히 말하면 자기 스스로의 마음의 작용에 불과한 것이다. 사실, 화를 낸다거나 미워하는 것은 자기 자신의 짓이다. 누가 증오심을 가져다 준 것이 아니고, 누가 화를 만들어 준 것도 아니다. 누군가의 행위나 어떤 상태를 보고 그것이 자기에게 좋지 않다고 느껴지거나 싫다고 생각할 때에 스스로 그 싫다거나 좋아하지 않는 생각에 빠져들어 미워하거나 화를 내는 감정의 상태를 만든 것이다. 만일, 누가 모욕적인 말을 하거나 싫은 행동을 하는 경우에 그에 반응反應하지 않고 그것을 받아들이지 않으면, 오히려 상대방의 마음이 불안해질망정 자기에게는 아무런 영향도 없이 지나가고 말 일이다.

성냄은 마음속에서 일어나는 일이기 때문에, 그러한 마음을 일으킨 사람이 스스로 괴로워할 뿐, 상대방은 자기를 증오하거나 미워하고 있다는 사실조차 모르고 있는 경우가 많으며, 이는 진에심의 특색의 하나라고 할 수 있다. 그러므로 증오나 화anger는 육체적, 정신적으로 자기 자신을 괴롭힐 뿐, 그 상대방에게는 별 영향을 주지 않는 것이 보통이다. 몇 년 전 인도에서 티베트의 정신적 지도자 달라이 라마Dalai Lama를 뵈었을 때, "티베트를 강점하고 있는 중국 사람들에 대해서 어떻게 생각하십니까?"라고 물었다. 다분히 감정 섞인 좋지 않은 말이 나오지나 않을까? 생각하면서였다. 그런데, 그는 태연스럽게 "특별한 감정 같은 것은 없습니다. 그들이 한때의 잘못된 생각에서 빚어낸 일인데, 스스로도 쉽게 돌이키지 못하는 것이지요. 불쌍한 일입니다." 오히려 중국 사람들을 연민의 정으로 보고 있는 것 같았다.

3) 어리석음: 어리석음 또는 우치愚癡 : ignorance는 무명無明이라고도 말하는데, 어리석어 바르게 알지 못한다는 뜻이다. 무엇을 알지 못한다는 것인가? 존재의 실상實相과 인연관계因緣關係를 알지 못한다는 것이다. 그러므로 여기에서 말하는 우치는 교육이나 통상적인 지식의 부족을 뜻하는 것이 아니라, 존재의 허망함이라던가, 인연의 관계에 대한 무지無知를 가리킨다. 엄격히 볼 때, 삼라만상森羅萬象은 어느 것 하나 본래부터 그 자체의 고유한 실체가 있는 것이 아니고, 일정한 조건에 따라 여러 입자粒子들이 모여 구성된 것에 지나지 않으며, 그렇게 생긴 모든 것은 어느 하나 예외 없이 차츰 변하여 마침내 다시 사라지는 것이다.[11] 이와 같은 우주의 진리를 바로 안다면, 어느 것에 집착할 것도 없고, 자기가 아끼는 것이 낡고 사라졌다고 해서 고민할 것도 없는 일이다.

11) 이를 불교에서는 제법무아(諸法無我)와 제행무상(諸行無常)으로 설명한다.

구태여 종교적인 설명을 빌릴 것도 없이, 현대과학의 꽃이라 할 수 있는 양자물리학Quantum physics의 관점에서 볼 때, "영속적이고 물질적인, 그리고 동일한 나는 허구에 불과하다. 붓다가 말한 것처럼, 자아自我는 그저 요소들이 모인 것에 붙여진 일반적인 이름에 불과한 것이다." 라고 하면서,[12] "사물은 우리가 생각하는 것만큼 실제로 그렇게 구체적이지 않다. 세상은 꿈이나 환상과 같은 것이다. 그렇지만 우리의 생활 속에서 우리는 그 유동성을 고정되고 구체적으로 보이는 것으로 탈바꿈시킨다. 그렇게 해서 욕망과 교만, 그리고 질투심이 생겨난다."[13]고 한다. 존재하는 것은 본래부터 스스로 그러한 실체를 가지고 있는 것으로 알고, 그렇기 때문에 존재하는 것은 오래도록 그대로 있을 것으로 생각하며, 특히 '나' 라는 존재, 곧 자기는 다른 것과는 구분된 특별한 실체로 생각하는 것이 보통인데, 바로 그러한 관념에 젖은 마음의 상태를 어리석음 또는 우치나 무명이라고 한다.

사람들은 이러한 어리석음으로 인해서 자기도 모르는 사이에 앞에서 본 탐욕과 성냄에 빠지고, 그로 인해서 괴로움의 늪에서 헤어나지 못하는 것이다. 만일, 사람이 어리석음에서 벗어나 존재의 실상을 제대로 알 수 있게 된다면 탐욕과 성냄에 매달릴 까닭이 없고, 결국 괴로움이 일어

12) 짐 홀트 저/우진화 역, 세상은 왜 존재하는가?Why Does the World Exist?, 2013, p.473.
13) 앞의 책, p.507.

날 여지가 없을 것이다. 어디 그뿐인가? 사람들은 모든 일에 대치적對峙的인 관념을 가지고 이분법적二分法的인 분별分別을 일삼는다. 예컨대, 좋은 것과 나쁜 것, 옳은 것과 그른 것, 좋아하는 것과 싫어하는 것, 큰 것과 작은 것, 많은 것과 적은 것 및 고운 것과 미운 것 따위가 그것이다. 그러나 이들의 구별은 상대적인 것에 지나지 않고 어느 하나 절대적인 것이 아니다. 모두 보는 기준에 따라 다를 뿐이며, 조건이 변함으로써 어제까지 그른 일이 내일부터는 오른 일로 바뀔 수도 있고, 많은 것이 적어질 수 있음은 당연한 일이다. 그런데도, 사람들은 흔히 각자의 고정된 관념에 따라 분별을 일삼으며, 자기가 임의로 한 분별에 따라 스스로 괴로워하는 어리석음을 저지른다.

4) 다섯 가지 덮임[14]: 붓다께서는 괴로움을 빚어낼 다섯 가지 행위로서 탐욕, 성냄, 잠, 들뜸 및 의심을 들었고[15], 이를 가리켜 오개五蓋라 한다. 그 다섯 가지 가운데 앞의 두 가지인 탐욕과 성냄은 위에서 설명하였으므로 여기에서는 나머지 세 가지에 대해서 간단히 살펴보기로 한다.

먼저, 수면睡眠, 곧 잠은 사람들의 오욕五欲의 하나인 수면욕睡眠欲이

14) 붓다께서는 마땅히 끊어야 할 다섯 가지를 묶어 오개五蓋, 곧 다섯 가지 덮개라고 가르쳤는데, 그 다섯 가지란 탐욕, 성냄, 잠, 들뜸 및 의심이다.
15) 잡아함 28: 767 취경.

되리만큼 사람이 살아나가는 데 있어서 기본적인 욕망의 하나가 된다. 얼핏 생각하면 잠이란 별 것 아닌 것처럼 느껴지지만, 자기가 원하는 대로 자고자 하는 욕구는 거의 본능적이다. 그래서 자지 못하는 괴로움은 당해 보아야 안다고 할 정도로 심각한 일이다. 그러나 한편, 잠은 잘수록 는다는 말이 있듯이, 스스로 행하기에 따라 줄일 수도 있고 늘릴 수도 있으니, 일률적으로 잠자는 시간을 말할 수는 없다. 필자의 경우, 과거에 특히 주말이면 늦잠 자는 것을 재미의 하나로 생각하리만큼 늦잠을 즐겼고, 실컷 자고 나야 사는 것 같았다. 그러나 지금은 새벽 4시에 일어나는 것이 습관이 되어 당연히 일어날 것으로 생각하며, 아무런 불편이나 괴로움 없이 그 시간이 되면 생체시계生體時計가 잠을 깨워주는 것 같다. 결국, 잠에 대한 욕구도 스스로 조절하기에 달린 일임을 알 수 있다.

하루에 몇 시간 잠을 자는 것이 건강상 필요한지에 관한 것만큼 견해가 구구한 것도 없을 것이다. 어떤 이는 하루에 8시간 자는 것이 건강에 좋다고 하는가 하면, 어떤 연구결과에 의하면 하루에 6시간의 잠으로도 충분하다고 한다. 그러나 적절한 수면시간은 나이에 따라 한결같을 수 없음은 물론, 정신적 수행의 상태에 따라서도 각각 다를 수 있다는 것이 경험칙經驗則상 밝혀진 것임을 유의할 필요가 있다. 그러나 특별한 수련이 따른 경우가 아니면 잠은 잠을 불러오는 속성을 지닌 것임을 부인하기는 어려운 일이며, 그래서 수면욕이라는 말까지 있는 것이다.

도회掉悔, 곧 들뜸이란 무엇인가의 영향으로 마음이 들씩여 불안정한 상태를 말하는 것으로, 실속 없이 괜히 마음만 앞서는 경우에 많이 볼 수 있는 현상이다. 그러므로 들뜸은 허망한 마음의 상태인 셈이고, 그래서 들뜸은 괴로움에 귀착되는 것이다. 무엇인가를 기대하는 생각으로 마음이 들떠 있다가 그것이 헛된 일임을 알게 되면 실망하게 되고, 곧 괴로움으로 이어지고 만다.

의심이란 남의 말이나 어떤 일을 믿지 못하고 이상하게 여기는 마음의 상태를 가리킨다. 사람들 가운데에는 모든 일에 의심쩍은 생각으로 대하는 예를 더러 볼 수 있는데, 의심하기로 들면 모든 일이 이상하게 보이기 마련이다. 그러나 의심은 현실을 외면한 독단적이고 편협한 생각이 굳어 생긴 비정상적인 심리상태인 것이어서 결국은 진실이 밝혀지기 마련이며, 자기 생각이 틀렸음이 밝혀지면 스스로 번민에 빠지게 되는 것이 보통이다. 우리 속담에 "의심하기로 들면 귀신도 할 수 없다"라는 말이 있을 정도로 의심, 특히 의심벽疑心癖이 있는 사람은 주변에서 어울리기를 꺼려하고, 따라서 고립되기 마련이다. 본인으로서는 얼마나 괴롭겠는지 짐작하고도 남음이 있는 일이다.

5) 분별심: 앞에서도 잠깐 언급하였지만, 사람은 어려서부터 모든 일을 이원적二元的인 대칭관계對稱關係로 규정하여 선을 그어 경계를 설정한다. 일단 경계를 구획하면 그 경계를 지키고 넓히려고 애쓰면서 살아간다.[16] 경계가 설정되면 그 경계선 너머의 상대편은 적어도 경쟁상대로 간주되어 그 경쟁상대에게는 반드시 이겨야 함이 전제된다. 밥상머리에 앉은 어린 형제들끼리 자기가 좋아하는 반찬을 지키려고 '이것은 내 것이야' 라고 선을 그어놓는 것을 종종 볼 수 있는데, 이러한 행동이 바로 경계를 설정하고 편을 가르는 인간의 모습을 보이는 초기적인 현상이다.

인간의 일상적인 분별은 여러 측면에서 나타나지만, 대표적인 예로 들 수 있는 것은 자아중심정自我中心的 관념에서 우러난 것, 시공적時空的 현상에서 우러난 것 및 사회적社會的 가치에서 우러난 것을 들 수 있다. 먼저, 사람들은 그 정체도 정확히 알 수 없는 '나' 라는 것에 집착하고, 그것을 모든 것의 바탕으로 생각하다 보니, 모든 것의 중심에 '나' 를 두고 그 '나' 를 중심으로 내 것과 네 것, 내 가족과 남들, 내 고향과 남의 고향, 내 나라와 남의 나라와 같이 분별하고 선을 긋는다. 그런가 하면, 시공적인 현상을 바탕으로 큰 것과 작은 것, 넓은 것과 좁은 것, 긴 것과

16) Ken Wilber, No Boundary-Eastern and Western Approach to Personal Growth-, 2001, p.16.

짧은 것, 높은 것과 낮은 것 따위로 나누어 접근한다. 어디 그 뿐인가? 사람들은 사회적, 윤리적인 가치를 중심으로 좋은 것과 나쁜 것, 성공과 실패, 배운 이와 못 배운 이, 즐거움과 괴로움, 자유로움과 얽매임 따위로 분별하여 그 사이에 선을 긋는다. 그러나 여기에 든 것은 몇 가지의 예시例示에 지나지 않으며, 사람들은 거의 모든 일을 분별의 눈으로 보고, 분별의 잣대로 재며, 일단 분별하면 거기에 경계선을 긋는다.

원래 경계선을 긋는다는 것은 적어도 이쪽을 지키고, 나아가 그 경계선을 조금씩이라도 밖으로 확장해 나가려는 뜻의 표현이다. 그러나 그러한 선을 긋는 것은 자기 한 사람에 한정되지 않고 모든 사람의 행위라는 데에 문제가 있다. 그래서 경계선의 존재는 갈등과 충돌로 이어진다. 서로가 자기의 경계선을 지키고 밖으로 넓히려 하니, 자연히 상대와의 사이에 갈등이 생기고 충돌이 벌어지지 않을 수 없다. 여기에 도사리고 있는 것이 바로 괴로움인 것이다. 경계선이 제대로 지켜지지 않는다거나, 넓히려는 뜻이 이루어지지 않으면 불만이 생기고 괴로워하지 않을 수 없다. 한번 경계선으로 인한 괴로움이 생기면 그 괴로움에서 벗어나려고 안간 힘을 다하여 경계선에 매이게 되고, 그러한 집착은 괴로움을 더욱 키워나가는 것이 보통이라는 데에 문제의 심각성이 있는 것이다.

그러나 잘 알고 보면, 사람들이 그은 선이라는 것은 모두 어리석은 환상幻想: illusion의 발로에 불과한 것이다. 경계선의 이쪽과 저쪽은 각각 별개의 것이 아니라 서로 의지하고 의존하는 관계에 있는 것이고, 그것만으로 존재할 수 있는 것은 하나도 없다. 정반대正反對인 것처럼 느껴지는 낮과 밤만 보아도 그렇다. 밤이 다해서 낮이 오는 것이고, 해가 서산에 지면 밤이 되는 것뿐이다. 더 나아가, 낮이니 밤이니 분별할 아무런 실체도 없는 것이다. 태양을 중심으로 지구가 자전自轉을 하다 보니, 태양의 반대편에 오면 밤이요, 더 돌아 태양 쪽으로 향하게 되면 낮일뿐이다. 그뿐 만이 아니다. 짧은 것이 있어 그와 상대적인 관계에서 긴 것이 있을 수 있고, 크다거나 작다는 문제와 높다거나 낮다는 것도 마찬가지 일이다. 좋다거나 나쁘다는 것 및 옳다거나 그르다는 것은 그때그때 가치관의 문제라고 할 수 있지, 절대적으로 좋고 절대적으로 나쁜 것이라고는 찾아보기 어려운 일이다. 그러니 분별심으로 인한 괴로움은 사람들이 스스로 지어낸 것에 지나지 않고, 결국 무지無知한 까닭이라고 할 수밖에 없다.

제2. 현대사회와 괴로움

괴로움은 주로 위에서 본 바와 같은 원인으로 말미암은 것이 보통이나, 개인의 책임으로 돌리기 어려운 사회적 요인으로 인한 경우도 적지 않다. 물론, 그러한 경우라고 해도 괴로움을 일으키는 것은 결국은 각 개인의 마음가짐에 귀착되는 일이지만 말이다.

1. 현대사회의 특징

현대사회는 종전의 농업사회와는 달리 이미 산업화 시대를 거쳐 정보화 시대에 접어든지 오래이다. 전통적인 농업사회는 가부장적家父長的인 대가족大家族제도를 바탕으로 한 비교적 정적靜的이고 윤리적이며 단체적인 생활구조가 지배하였다. 그렇기 때문에 비록 풍요롭지는 않더라도 어느 정도 안정적인 생활환경이 유지된 것이 보통이다. 그에 비하여, 현대사회는 산업화가 촉진됨에 따라 가부장적인 대가족제도의 붕괴와 더불어 빠른 속도로 핵가족화核家族化와 도시화都市化가 이루어지고, 결과적으로 개인주의적인 경향이 촉진된 것은 부인할 수 없는 사실이다. 그것은 결국 사람들의 생활에 대한 각자의 책임을 촉진하여 동적動的이고 적극적인 대처를 불가피하게 만들었다. 물론, 산업화와 도시화의 촉진은 전체적으로 볼 때는 경제적인 풍요를 가져 왔고, 교육수준을 향상시킨 것이 사실이나, 그것이 오히려 상대적 빈곤과 사회적 불안의 원인이 된 것도 부인할 수 없다.

산업화 단계를 지나 정보화 시대에 접어든 현대사회의 특징의 하나로 들 수 있는 것은 '홀로 주의'와 '빨리 빨리'라고 할 수 있다. 모든 일을 스스로 처리하고, 스스로 해결하며, 스스로 책임질 뿐만 아니라, 변화의 속도가 빨라짐에 따라 속도전速度戰이 벌어진 상황이다. 그렇다 보니, 남에 대한 배려配慮가 적어지고, 남과의 관계성關係性이 차단되어 모든 짐을 스스로 짊어지고 가지 않을 수 없는 상태가 된 것이다. 오늘날 결혼 연령이 늦어지거나 독신생활이 많아진 것도 그 탓으로 볼 수 있으며, 주거구조에 이른바, '원룸' one room이나 오피스텔officetel이 늘어난 것도 그러한 연유라고 할 수 있다.

어디 그뿐인가? 이른바, 전자산업의 비약적인 발전과 그에 힘입은 ICTinformation and communication technology: 情報通信技術의 발달은 신산업혁명新産業革命의 시대를 불러왔다고 해도 결코 과언이 아닐 것이다. 컴퓨터를 활용한 디자인CAD이라거나 컴퓨터에 의한 공장자동화CAM의 촉진은 종전에는 사람의 힘으로 처리한 상당한 부분을 전자회로기기電子回路器機로 대체하게 되어 그만큼 인력의 수요를 잠식蠶食하게 되었다. 그 뿐만 아니라, 컴퓨터의 생활화와 인터넷정보 활용의 간편성은 사무

직의 인력조차 상당부분 갈음하게 되었음은 이미 잘 아는 사실이다. 그에 더하여, 근래에는 인공지능人工知能: Cybernetics, AI.을 바탕으로 한 제품, 곧 로봇robot이라거나 자율운행 자동차 및 사물 인터넷IoT 등의 개발로 말미암아 사람이 직접 해야 할 일이 많이 줄어들게 되었음은 이미 잘 알려진 사실이다. 이러한 현상들을 편익便益의 관점에서만 바라볼 수만은 없다는 것은 짐작할만한 일이다.

결국, 온갖 노력 끝에 고등교육을 마친 새로운 세대가 나아갈 수 있는 취업의 문은 급속도로 좁아들고, 청년취업난으로 취업의 기회를 기다리며 졸업을 늦추는 자진휴학자의 대기졸업待機卒業이라는 웃지 못 할 현상까지 벌어지게 되었다.[17] 그러나 이는 일시적인 현상이거나 우리나라만의 일이 아니라, 이제 정도의 차이는 있어도 범세계적인 현상이 된 것을 부인할 수 없다. 청년취업문제의 심각성을 보여주는 단면이라고 할 수 있다.

17) 통계청의 통계에 의하면 2013년도 청년층15-29세 고용률은 1980년 관련통계가 작성되기 시작한 이래 처음으로 40%를 밑도는 39.7%로 내려갔다고 한다.

2. 감성의 시대

우리가 삶을 영위하고 있는 오늘날을 감성感性의 시대라고 해도 무방할 것 같다. 매일의 생활이 즉흥적이고 감성적인 경향이 두드러지기 때문이다. 사람은 원래 아날로그적analogue인 존재이다. 그런데 오늘날 우리가 사용하고 있는 대부분의 전자기기들은 디지털적digital인 것이다. 디지털 카메라, 콤팩트 디스크CD, 디지털 시계, 스마트폰 및 컴퓨터 중앙처리장치CPU 등 우리의 일상 생활기구의 대부분이 디지털화 되었다. 그러니 아날로그적인 인간이 디지털적인 생활을 하고 있는 것이다. 디지털화한 기기는 종전의 아날로그적인 것에 비하여 명확하고 빠르며 편리하다는 장점이 있는 것은 사실이다. 또, 인터넷에서 여러 정보를 쉽게 찾을 수 있다. 그러나 인터넷은 정보와 자료를 해석하고 사고하여 얻을 수 있는 지혜와 통찰까지 주지는 못하며, 디지털화한 기기들은 너무 인위적이고 기계적이어서 여유가 없는 것이 사실이다. 한 마디로 인간미人間味가 없다. 이런 점은 책을 읽거나 사고를 거듭하여 보완해야 하는데 그러한 점에 대해서는 사람들이 매우 소홀하거나 인색하다. 머지않아 아나로그와 디지털 사이의 조화로운 보완의 필요성이 대두하지 않을까 한다.

나아가, 오늘날은 문자 그대로 경쟁 시대이다. 잠시만 한눈을 팔아도 경쟁에서 뒤지고 만다. 경쟁에서 뒤진다는 것은 곧 파멸로 이어지기 때문에, 중요한 것은 경쟁에서 이기는 일이다. 물, 불 가릴 것 없이 이기고 보아야 한다. 그러자니, 매일의 생활은 수단을 가릴 것 없는 치열한 경쟁의 연속이고, 이기기 위해서는 서둘러야 하며, 있는 생각 없는 생각을 짜내야 한다. 결국, 생활의 모든 영역에서 '빨리 빨리'가 지배하고, 남을 배려할 틈이 없으며, 이웃과 소통할 기회를 찾기 어려운 상황이 된 것이다. 상황이 이렇다 보니, 행여 잘못 될까 불안하여 늘 긴장을 늦출 수 없고, 경쟁에 이겨야 한다는 쫓김으로 매일 쌓여가는 것은 강박관념stress 뿐이다. 스트레스가 쌓이더라도 일이 잘만 된다면 그런대로 그 스트레스가 잠시나마 풀리겠지만, 그렇지 못한 경우에는 스스로 우울해지지 않을 수 없고, 결국 고민의 늪에 빠지게 되는 것이다.

요새 지하철을 타거나 스타벅스 같은 카페에서는 말할 것도 없고, 심지어 길을 걷는 사람들을 보아도 고개를 푹 수긴 채 손바닥만 응시凝視하면서, 간간히 혼자서 웃거나 얼굴을 찡그리는 꼴을 보는 것이 예사이다. 이른바, 스마트폰이라는 것이 보급되기 시작한 4, 5년 전부터 볼 수 있는 새로운 현상이다. 사람은 고개를 들고 살아야 한다. 앞을 제대로 보면서 앞으로 나아가야 한다. 고개를 들고 앞을 보면서 가도 돌부리에 발을 치인다거나, 잠깐 한눈을 파는 사이에 발을 헛디뎌 넘어질 수도 있다. 그뿐 아니라, 고개를 들어야 다른 사람과의 교감交感이 이루어질 수 있고, 또 사람들 사이의 관계가 조화롭게 유지될 수 있음은 말할 나위조차 없는 일이다. 어디 그뿐인가? 사람은 스스로 생각하면서 살아가는 동물이다. 그런데, 보도매체報道媒體나 게임 등의 영상물影像物에 매어있다 보면 스스로 생각하고, 그 생각을 정리하거나 마음을 고요히 할 틈이 없어진다. 나는 이러한 새로운 현상을 현실도피적現實逃避的인 현상이라고 본다.

오늘날 볼 수 있는 바와 같은 감성적이고 즉흥적이며 현실도피적인 생활은 '홀로 주의' 가 가세하여 우울증憂鬱症이라는 가볍게 보아 넘길 수 없는 증후症候를 급증시키고 있다는 것이 의료계의 주장이다. 우울증은 심해지는 경우 자살로 이어질 수 있는 것이어서 그 심각성이 매우 높다. 통계에 의하면, 우리나라의 자살자 수는 2005년에서 2009년까지에 연평균 약 12,000명에 이르렀고, 그것이 2009년 이후에는 연평균 15,000명대로 급증하였는데, 이는 현대사회에서 볼 수 있는 괴로움의 심각성을 알 수 있게 하는 예라고 할 수 있다.

3. 우리는 모두가 하나

이 세상에 홀로 살 수 있고 , 홀로 행복할 수 있는 것은 하나도 없다. 우리는 모두가 '함께' 이며, '함께' 라는 눈으로 세상을 바라보아야 한다. 모든 것은 서로 얽혀 서로 의지하고 서로 보완하면서 그 존재를 유지해 가는 상호의존관계相互依存關係에 있다. 그것은 우선 우리 생활의 한 토막만 보아도 바로 알 수 있는 일이다. 우리가 매일 대하는 식탁에 오른 한 그릇의 밥은 수많은 사람의 노력과 태양, 비, 흙 및 갖가지 성분의 퇴비 따위가 한 데 뭉친 결실인 쌀이 없이는 존재할 수 없는 일이다. 추위가 채 가기도 전인 이른 봄에 농부들이 논을 일구고 못자리를 가꾸어 뿌린 볍씨가 수분을 잔뜩 머금은 기름진 흙과 따뜻한 봄 햇살을 만나 싹을 틔우고 땅에 뿌리를 내려 적당한 크기로 자라면, 곧 모내기를 하여 제자리를 차지한 벼는 햇볕, 물 및 흙속의 자양분을 받으며 농부들의 보살핌 속에 무럭무럭 자라 삼복더위의 힘을 받아 이삭을 맺는 것이지만, 거기에 김을 매주고 잡초를 골라내며 새떼와 해충害蟲을 방제하는 사람의 노력 없이는 우리가 기대하는 제대로 된 벼 수확은 어려운 일이다. 벼가 제대로 여문다고 해도, 수확해서 도정搗精을 하지 않고는 밥을 지을 수 있는 쌀을 얻을 수 없음은 당연한 일이며, 도정한 쌀은 다시 유통망을 거쳐 우리 주변의 시장에 놓임으로써 비로소 쌀 구실을 할 수 있는 것임은 다시 말할 나위조차 없는 일이다. 우리가 늘 먹는 밥의 주원료인 쌀 하나만 보아도 이렇거늘, 하물며 다른 것들이야 더 말할 필요조차 없는 일이다. 이처럼 사람은 이루 헤아릴 수 없이 많은 것들의 도움을 받고 또 도우면서 삶을 이어가고 있다. 그러니, 엄격히 말하면 '나' 나 '너' 라고 내세워 뽐낼 만한 것이 따로 있는 것이 아니고, 모두가 하나인 셈이다. '나'와 '너', '너'와 '나' 그 우리가 모두 하나이다.

어렸을 때 읽은 다니엘 데포Daniel Defoe작 '표류기'의 주인공 로빈슨 크루소Robinson Crusoe에 관한 이야기가 생각난다. 항해하던 중 거센 풍랑을 만나 배가 난파難破되고 표류하여 외딴 무인도無人島에 상륙하여 홀로 생활을 이어가는 이의 어려움을 생생하게 그려낸 이야기이다. 사람이라고는 눈을 씻고 찾아보아도 없을 뿐만 아니라, 지나는 배조차도 들르지 않는 작은 원시原始의 외딴 섬에서 모든 일을 스스로 해결할 수 밖에 없고, 생활이라고 해야 원시적 수준을 벗어날 수도 없는 상황이니, 그의 고통은 충분히 짐작하고도 남음이 있는 일이었다. 그나마 연명延命을 할 수 있었던 것도 움막을 지을 수 있는 야자수 잎이 있었기에 망정이고, 배를 채울 수 있는 먹을거리의 채취가 가능했으며, 빗물을 받아 식수食水로 쓸 수 있는 비가 내렸기 때문이다. 외딴 섬에서의 뼈를 깎는 고통과 사무치는 외로움은 그만 두더라도, 그나마 목숨이라도 지탱할 수 있었던 것은 자연히 자란 식물과 그 열매 및 물고기라도 있었던 까닭이다. 결국, 사람은 홀로는 생명조차 유지하기 어려움을 실증하는 이야기이다.

상황이 이러함에도 불구하고, 오늘날 우리 주변을 돌아보면 많은 사람이 이웃을 의식하지 않고, 자기 홀로 모든 것을 이룩할 수 있는 듯이

처신하는 예를 많이 볼 수 있다. 독불장군獨不將軍은 있을 수 없는데도 이를 제대로 인식하지 못하는 것이다. 오죽하면 아파트의 위아래 층에서 층간層間 소음騷音을 원인으로 살인행위까지 벌어지겠는가? 외딴 섬에 홀로 표류한 로빈슨 크루소의 이야기만 보아도 외로움의 번뇌에 찬 그의 괴로운 나날을 눈으로 보는 듯하다. 화엄경에는 인드라망網의 이야기가 자주 눈에 띄지만, 모든 것은 마치 인드라망의 그물코처럼 서로 연관되어 있어, 어느 한 곳에서의 움직임은 바로 모든 곳에 파급波及되어 영향을 미치지 않음이 없을 정도로 밀접한 관계에 있음을 바로 알 일이다. 사실, 이 세계는 잘 조율된 교향악 같은 것이다. 교향악단을 이루고 있는 수많은 악기는 제각기 다른 소리를 내는 것이지만, 잘 조련된 악단이 내는 화합된 음은 마치 하나인 듯 우아하고 더러는 정열적이며 더러는 심미적인 것이어서 듣는 사람조차 그 속에 빨아들여 하나가 된다. 우주도 마찬가지다. 우주의 이치가 이러함에도 불구하고 현대생활은 오히려 그에 역행逆行하는 경향이 두드러지니, 개개인의 괴로움은 쌓여만 가는 것이다. 그 주된 원인은 앞에서도 본 바와 같이 빠르고 편리함을 추구함에서 비롯되고, 새로운 것을 선호하는 욕망이 부채질한다. 거기에 기름을 끼얹는 것이 바로 '나'라는 관념과 그 '나'를 내세운 탐욕이다. 그러니 행복이란 다른 세상의 이야기인 듯 멀리 들릴 수밖에 없는 일이다.

제 3 장

종교와 괴로움

제1. 붓다가 추구한 것

1. 출가의 동기:

고대 인도의 동북부에 위치한 작은 부족국가인 가피라Kapila국의 왕자로 태어난 싯달타Siddhartha는 부왕父王의 뒤를 이을 왕좌王座는 물론, 아리따운 아내 야쇼다라Yashodhara와 갓난 아들 라훌라Rahula 그리고 궁중의 온갖 부귀영화를 모두 헌신짝처럼 버리고 출가出家하여 고행의 길을 택하였다. 서구의 많은 철학자는 이를 가리켜 거룩한 버림the Great Renunciation이라 부른다. 그러면, 싯달타 왕자는 왜, 무엇을 위하여 그런 엄청난 결심을 하고, 실행에 옮기기까지 하였을까?

궁중宮中에서 자라면서 여러 방면의 교육을 받고 무예武藝를 익힌 싯달타 왕자는 가끔 동산의 염부나무閻浮樹 밑에서 사색思索에 잠기거나 성 밖의 상황이나 풍광風光을 살피기 위하여 나들이를 나가곤 하였다. 싯달타 왕자는 성 밖의 나들이에서 수척하고 노쇠하여 허리가 굽고 누추하게 보이는 노인, 병들어 허덕이고 신음하는 안타까운 병자, 그리고 죽어 들것에 들려가는 주검을 보고[18] 큰 놀라움과 깊은 슬픔에 젖어 인생이

18) 이를 흔히 사문출유四門出遊라고 한다.

직면하고 있는 괴로움의 현상에 대한 인식이 깊어지게 되었다. 이 세상에 태어난 지 7일 만에 어머니 마야부인Maya의 죽음을 맞음으로써 어머니의 모습에 대한 기억조차 없는 왕자로서는 어머니에 대한 깊은 상념想念에 잠기는 일이 한두 차례가 아니었을 것이다. 그러한 왕자로서, 자기의 두 눈으로 직접 노인, 병자 및 주검을 보고 인생의 무상無常함과 괴로움에 대한 생각이 얼마나 깊었을지는 능히 짐작할 만한 일이다.

사람들 가운데에는 "사람이면 누구나 다 아는 늙고 병들며 죽는다는 사실을 어찌 왕자는 몰랐을까?"라는 의문을 가질 수도 있을 것이다. 그러나 왕자는 부왕이 마련한 호사스런 궁중에서 사람의 장막에 가려 병자나 노인 또는 주검 등을 쉽게 접할 기회가 없는 생활을 해왔다. 왜냐하면, 왕자가 룸비니동산에서 태어나 궁중에 들어온 지 얼마 되지 않아 왕자의 탄생을 알고 왕자를 보기 위하여 궁성을 찾아온 설산雪山의 아시타Ashitha 선인仙人의 말이 늘 숫도다나왕의 머리 한 구석을 맴돌고 있었기 때문이다. 곧 아기왕자를 본 아시타 선인은 왕에게 말하기를 "32상을 갖춘 이 왕자님은 장차 성장하여 속세에 머물면 전륜성왕轉輪聖王이 될 것이요, 만일 출가하여 수행하면 온 세상의 중생을 제도濟度할 붓다가 될 것입니다."라고 하였다. 그러면서 아시타 선인이 눈물을 흘리는 것을 본 부왕은 한편으로는 기뻐하면서도, 한편으로는 선인이 눈물을 흘리는 것을 괴이하게 생각하여 왜 눈물을 흘리는지를 묻자, 선인은

"내 수명이 거의 다 되어 이 세상에 붓다가 출현하는 것을 볼 수 없는 것이 슬플 뿐입니다."라고 대답한 뒤, 곧 성을 빠져나갔다.[19] 그런 일이 있은 뒤 숫도다나왕은 혹시라도 왕자가 출가수행出家修行에 마음을 둘까 걱정이 되어, 주변 사람들을 철저히 단속하여 왕자의 주변에 마음을 흐리게 할 모든 상태를 보이지 않도록 단속하였다. 그러면서 왕자가 궁중생활을 즐길 수 있도록 아름다운 궁녀들로 둘러싸고 노래와 춤 따위로 호사스런 생활을 하였다는 것은 초기경전과 붓다의 전기傳記를 담은 불소행찬佛所行讚은 소상히 전하고 있다. 그러니, 그와 같은 울타리 안에서 생활하던 왕자로서 가련한 노인, 애처로운 병자 및 죽은 사람 등의 실상을 봄으로써 깊은 상념想念에 잠길 것은 이해하기에 어렵지 않다.

결국, 왕자는 모두가 잠든 2월 초 으스름한 달밤에 성을 빠져나와 홀로 고행 길에 접어들었다. 여기에서 우리는 싯달타 왕자가 출가한 참뜻이 무엇이었는가를 다시 한 번 음미할 필요가 있다. 왕자의 거룩한 버림은 사람이라면 누구나 직면하고 있는 생로병사生老病死의 괴로움과 사람이 살아가는 과정에서 늘 안고 살다 싶이 하는 고뇌苦惱가 어디에서 온 것인지를 밝히고, 그 괴로움을 치유하고 벗어나는 길을 깨달아 중생들을 괴로움이 없는 해탈의 경지로 이끌기 위한 것이었음을 알아야 한다.

19) Ashvaghosha/Oliville, Life of the Buddha, 1,49-1,77.

그러니, 싯달타 왕자의 출가야말로 괴로움에서 벗어나는 법法을 전하고, 중생衆生을 궁극적인 평화와 행복으로 이끌기 위한 것이었음을 쉽게 알 수 있다.

2. 수행에서 추구한 것:

싯달타 왕자는 출가하자 당시 인도의 16개 큰 나라 중 하나인 마가다국에서 이름 높던 정신적 지도자인 알라라 칼라마Alara Kalama와 웃다카 라마푸트라Uddaka Rhamaputra를 차례로 찾아 가르침을 받았다. 그러나 그 두 분에게 사사師事하여 스승의 경지에 이르렀음에도 싯달타 왕자가 출가한 목적과는 거리가 먼 것이었다. 그들의 궁극적인 목적은 스스로 무색계無色界에 머물러 마음의 안온과 기쁨을 얻는 데에 그칠 뿐, 왕자가 출가한 참뜻인 중생을 제도하여 괴로움에서 벗어나게 할 수 있는 길을 추구하는 것과는 거리가 멀다는 것을 알게 되었다. 싯달타 왕자가 이들 고덕高德의 간곡한 만류에도 불구하고 그들을 떠나 홀로 우루벨라의 고행림苦行林으로 들어간 까닭이 바로 여기에 있다.

싯달타 왕자가 우루벨라의 고행림으로 행하는 길에 마가다의 수도 라즈기르Rajgir를 거치게 되었을 때, 당시 인도에서 16대국大國의 하나인 마가다국의 빈비사라왕이 누대樓臺에 올라 주변의 풍광風光을 내려 보던 중, 궁성 인근의 길을 매우 수려하고 늠름하게 생긴 젊은 사문沙門이 홀로 천천히 그러면서도 기품 있는 모습으로 지나가는 것이 눈에 띄었다. 왕은 급히 신하를 불러 그 사문의 뒤를 따라 어디로 가는지를 알아오도록 명했다. 신하는 곧 뛰어가 사문의 뒤를 밟아 그 사문이 부근의 나지막한 산의 토굴로 들어가는 것을 확인한 다음, 궁성으로 돌아와 왕에게 보고하자, 왕은 곧 채비를 차려 그곳을 찾아갔다. 왕은 여러 가지 이야기 끝에 싯달타 왕자에게 수행을 접고 자기와 함께 나라를 다스리거나, 국토의 일부를 떼어줄 터이니 그 왕이 되어 함께 정사政事를 펴자는 제의를 하였으나, 왕자는 이를 거절하고 수행만이 그의 갈 길임을 밝혔다. 그러자, 왕은 싯달타 왕자에게 성불하는 날에는 다시 만나기를 원했고, 싯달타 왕자도 깨침을 이루면 반드시 다시 올 것을 기약하고 고행림을 향하여 길을 떠난 것이다. 이러한 사실만으로도 당시 싯달타 왕자의 결심이 얼마나 굳은 것이었는지를 능히 짐작하게 한다.

싯달타 왕자는 우루벨라의 일명 흑림산黑林山으로도 불리는 고행림에서 6년간에 걸쳐 사람으로서는 상상조차 하기 어려운 혹독한 고행을 거듭하였으나, 원하던 깨달음을 이룰 수 없자 수행의 방법을 바꿔보기로 마음먹고 수척할 대로 수척하여 뼈만 앙상하게 남은 몸을 끌고 그곳을 떠나 거기에서 얼마 떨어지지 않은 나이렌자나강에 이르러 몸을 씻었다. 그때 마침 그곳을 지나던 촌장村長의 딸 수자타가 그 애처로운 모습을 보고 집에 뛰어가 들고나와 바친 우유죽을 드신 다음, 건너편의 나지막한 언덕에 있는 핍팔라pipphala나무[20] 밑에 길상초吉祥草를 깔고 좌선에 드시어 3, 7일이 되는 날 새벽에 마침내 무상정등각無上正等覺을 이루어 붓다가 되신 것이다.[21] 스스로 깨친 이가 되신 붓다께서는 연기緣起의 실상을 깨침으로써 드디어 출가의 참뜻을 이루게 되었다. 다시 말하면, 사람이 직면하고 있는 괴로움의 실체와 원인 그리고 그 괴로움에서 벗어나는 길을 자신의 손금을 보듯 훤히 알게 된 것이다.

스스로 깨치신 붓다께서는 그 자리에 그대로 앉으시어 7일을 명상으로 보내신 다음, 흑림산에서 고행 당시에 싯달타 태자와 함께 수행의 길을 걷다가, 싯달타 태자가 그곳을 떠나 나이렌자나 강가로 나가시는 것을 보자 싯달타 태자가 고된 수행을 이겨내지 못하고 결국 포기한 것으로 잘못 알고 그곳을 떠나 사르나트Sarnath의 녹야원으로 떠난 다섯 비구를 먼저 제도하기 위해서 수척할 대로 수척한 몸을 이끌고 멀리 바라나시 교외의 사르나트에 있는 녹야원鹿野苑을 향하여 길을 떠나신다. 이는 당시의 인도에서 볼 수 있던 풍습과는 동떨어진 일이다. 곧, 당시 인도에서는 수행이 깊은 고덕高德은 본인은 움직이지 않고 가르침을 구하는

20) 붓다가 성불한 뒤에 보리수菩提樹라 불리게 되었다.
21) Karen Armstrong, Buddha, 2001, p.82.

사람들이 찾아가서 가르침을 받는 것이 도리이었다. 그런데도 붓다께서는 스스로 가르침을 베풀기 위하여 제도할 중생을 찾아 나선 것이니, 우선 이 점부터 범상凡常치 않음을 쉽게 알 수 있는 일이다. 붓다께서 깨치신 뒤 처음으로 다섯 비구에게 펴신 가르침의 내용이 바로 괴로움의 실체와 그 원인, 그리고 그 괴로움으로부터 벗어나 없애는 길이며, 이 가르침이 바로 오늘날까지 세계적으로 널리 알려진 사성제四聖諦: Four Noble Truths이다.[22]

22) 잡아함 15: 379 전법륜경轉法輪經; 증일아함 14: 24 고당품高幢品 1.

제2. 인간과 종교

1. 종교란?

종교의 정의를 명확하게 내리기란 거의 불가능에 가깝다. 그러므로 종교에 대한 정의는 그 정의를 내리는 사람에 따라서 다르고, 천차만별千差萬別이다. 그러나 아주 일반적으로 볼 때, 종교는 인간의 현실을 벗어나려는 희구希求가 낳은 문화의 한 모습으로, 초자연적이고 초인간적인 힘이나 진리에 대한 가르침을 경외敬畏하고 신앙하는 체계를 말한다고 할 수 있다. 그러한 뜻에서의 종교는 토템신앙totemism이나 태양신앙에서 볼 수 있는 것처럼 인간의 역사와 함께 해 왔다고 해도 과언이 아니며, 오늘날도 우리 주변에는 체계화하고 제도화된 수많은 종교가 있다. 여기에서는 종교를 깊이있게 살펴보려는 것이 아니고, 사람들의 '행복 및 괴로움' 과 관련되는 범위 안에서 필요한 부분만을 요약하여 보려는 것이다.

사람은 이 세상을 살아가면서 삶과 관련하여 의식적이거나 무의식적이거나 할 것 없이 매우 근본적이고 진지한 의문에 봉착하는 예가 많다. 이 세상이란 과연 무엇인가? '나' 라는 것은 무엇인가? 나는 어디서 와서, 어디로 갈 것인가? 사람으로서 올바른 삶은 과연 어떤 것인가? 등이다. 이러한 의문은 행복한 상태에서 생기는 경우 보다는 어려움에 처하거나 괴로운 경우에 일어나는 경우가 더 많다. 한편, 사람이 살다 보면 인간의 무력無力함을 절실하게 느끼고 쉽사리 손이 닿지 않는 지고至高의 무엇인가에 의지하려는 절박한 심정에 빠지는 경우도 흔히 있을 수 있다. 종교는 이러한 궁극적窮極的인 물음에 대하여 나름 답을 주고, 또 의지할 궁극적인 존재에 대한 길을 제시한다. 그러므로 종교는 미미微微한 존재로서의 인간이 우리의 손이 쉽게 닿지 않는 곳에 있을지도 모르는 그 어떤 지고지상至高至上의 존재에 매달리려는 생각 또는 인생의 궁극적窮極的인 문제에 대한 해답을 구하려는 심정의 발로發露로 등장한 제도라고 해도 결코 잘못은 아닐 것이다. 이러한 관점觀點에서 본다면 인간이 존재하는 한 종교는 불가피한 것일지도 모른다.

2. 괴로움과 종교

지구상에는 수많은 종교가 있으나, 한마디로 종교라고 해도 차이가 많은 것이 사실이다. 우선, 그리스도교나 유대교 및 이슬람교와 같이 하나의 신을 섬기는 일신교一神敎나, 많은 신을 믿는 다신교多神敎인 힌두교 또는 불교처럼 신을 믿지 않는 종교가 있는가 하면, 종교의식宗敎儀式에도 많은 차이가 있으며, 내세來世에 대한 관념도 각각 다른 것을 부인할 수 없다. 그러나 그러한 차이에도 불구하고, 모든 종교에 한 가지 공통된 것은 구체적인 방법에는 차이가 있더라도 모두 착하고 바르게 살 것을 가르친다. 선善을 추구하고 어려운 이웃을 위하여 베풀며 살 것을 권하는 점은 거의 공통된다고 할 수 있다. 이웃에 대한 자비慈悲가 없다면 그러한 종교는 심장이 없는 종교라고 해도 과언이 아닐 것이다. 그렇기 때문에 모든 종교는 정도의 차이는 있어도 예외 없이 어려운 사람, 고통 받는 이웃을 위한 구휼救恤을 내걸고 자비의 손길을 내미는 것이다. 결국, '나'와 '너'가 두루 이로운 길을 걷도록 함으로써 괴로움에서 벗어나게 하려는 것은 종교의 근간을 이루는 부분이라고 할 수 있다.

다만, 한 가지 분명한 것은 종교는 우리를 괴로움에서 구해내는 가르침을 펴는 것일 뿐, 바로 구원이라는 결과를 가져다주는 것은 아니다. 종교의 가르침은 이정표里程標와 같은 것이어서, 구원을 받으려면 실제로 그 길을 가야 한다. 곧, 가르침에 대한 실행이 따라야 하고, 그 실행을 통해서 마음의 평온을 찾고 행복을 느낄 수 있다. 그런데, 그 실행은 바로 우리 각자의 몫이다.

그러나 괴로움에서 벗어나게 하려는 길은 종교마다 추구하는 바와 착하고 올바른 삶의 구체적인 방법에 있어 서로 차이가 많은 것은 부인할 수 없다. 이를 몇 가지 예로 간단히 살펴보는 것도 헛일은 아닐 것 같다. 먼저, 그리스도교에 있어서 중요한 것은 "어떻게 하면 예수가 사랑했던 것처럼 사랑할 수 있을까?"에 집중된다고 해도 과언이 아니다. 예수의 위대한 삶과 죽음과 사랑을 본받아 최선을 다하여 많은 사랑을 베풀게 하는 것이다. 예수 가르침의 중심은 바로 사랑이다. 예수는 가르치기를 사람들은 자기의 부모, 형제 및 친구는 물론 원수까지도 사랑하라고 가르쳤다. 사랑은 자연히 용서를 내포한다. 사람이 살면서 겪는 모든 괴로움은 모두 사랑 속에 녹아드는 것이 된다.

이에 대하여, 불교는 "어떻게 하면 깨달음을 얻어 괴로움을 넘어 해탈의 경지에 이를 것인지?"에 압축된다. 여기에서 깨달음이란 우주의 진리, 곧 우주에 존재하는 것의 본질을 터득攄得하는 것이다. 불교에서는 우주의 모든 것은 다른 모든 것에 의존하여 존재하며 서로 유기적인 관계에 있는 것으로 본다. 모든 것은 다른 모든 것에 의존하여 존재한다는 것은 어떤 것도 본래부터 그 자체로 존재하는 실체實體는 없다는 말이다. 이를 가리켜 무아無我 또는 공空이라고 한다. 모든 것은 어느 하나도 본래부터 그 자체로서 독자적獨自的으로 존재하는 것은 없고, 인연에 따라 모두 다른 것에 의존하여 구성된 것이기 때문에 결국은 변하고 사라지는 것으로 보며, 이를 일러 무상無常이라고 한다. 불교는 그 중심에 자비사상慈悲思想이 자리하고 있어 이웃을 내 몸처럼 아끼고, 이웃에게 아낌없는 베풂을 펴도록 가르친다. 그 내용을 담은 대표적인 가르침으로 사무량심四無量心과 사섭사四攝事를 들 수 있다. 사무량심, 곧 네 가지

무량한 마음이란 사랑함慈, 가엾어 함悲, 기쁘게 함喜 및 버려捨 고르게 보는 것이고, 사섭사, 곧 네 가지 거두는 일은 보시布施, 사랑스런 말愛語, 이롭게 함利行 및 함께 도와 일함同事을 말한다.

이슬람교에 있어 모슬렘Muslim들이 추구하는 것은 "어떻게 하면 이 몸을 성스럽게 신에게 바칠 수 있는가?"이다. 이슬람 신도를 나타내는 모슬렘이란 '복종하는 사람' 이라는 뜻인데, 이는 그들의 신인 '알라' 의 뜻에 따라 자신의 삶을 바치는 고귀한 방법을 닦아 익히는 것이다. 이슬람교도 유대교와 마찬가지로 아브라함을 자신들의 조상으로 추앙하며, 그리스도교의 성경에 나오는 인물들의 이름이 이슬람교의 성전인 쿠란에도 나온다. 그러나 모슬렘들은 성경에 나오는 모든 일은 예외 없이 '알라' 에게서 비롯된 것으로 믿는다. '알라' 는 그냥 신神이 아니라 그the 신을 말한다. 곧 the God이다. 그 신은 실은 유대교의 신이나 그리스도교의 하나님과 같은 신이다. 근년에 들어 모슬렘을 자처하는 사람들이 끔찍한 테러행위를 저지름으로써 수많은 무고한 생명을 앗아가는 일이 많이 생기고, 그에 따라 이슬람교에 대한 세상의 곱지 않은 눈길이 만연된 것이 사실이나, 쿠란의 어느 곳에서도 폭력을 찬양하거나 부추기는 예는 찾아볼 수 없다. 엄격히 말하면, 그들 폭력행위자들은 사이비似而非 모슬렘인 셈이다.

끝으로 인도 국민의 약 85%라는 많은 사람이 믿는 힌두교를 보자. 힌두교는 윤회輪廻에서 벗어나는 것이 큰 과제이다. 힌두교는 사람이 죽은 뒤에 다시 태어나는 상태는 살아있는 동안에 지은 업業에 따르는 것이라고 가르친다. "콩 심은 데 콩 나고, 팥 심은 데 팥이 난다"는 말이 정곡正鵠을 찌른다. 힌두교는 다신교多神敎로서, 이 세상은 신으로 가득 찼다고 가르친다. 주신主神인 브라흐마Brahma, 비슈누Vishnu 및 시바Shiva는 많은 작은 신을 거느리는데, 힌두교인들은 많은 신 가운데 자기가 주로 경배하는 신을 선택할 수 있다. 힌두교의 경우, 해탈에 이르기 위한 네 가지 가르침 가운데 중심적인 것은 이 세상에서 삶을 영위하는 동안 선행善行을 하고, 이웃을 돌보며, 나보다 불행한 사람을 위하여 보시할 것을 권한다.

위에서 간략히 소개한 바와 같이 대부분의 종교는 최고의 신神에게 초점을 맞추지만, 불교만은 우리에게 나아갈 길을 보여준 최고의 스승의 가르침에 초점을 맞춘다. 그렇기 때문에 불교는 자연스럽게 철학적이고 과학적인 종교일 수 있으나, 신을 추앙하는 그리스도교 등의 경우는 인간이 추구하는 철학, 심리학이나 과학은 사람의 경계로 미루고 오직 신의 영역에 머무는 종교인 것이다. 이러한 근본적인 입장의 차이는 자연히 현대사회가 안고 있는 문제에 대응하는 방식에도 차이가 있음은 물론이다. 다만, 그러한 차이에도 불구하고, 종교는 정도의 차이는 있더라도 예외 없이 이웃을 사랑하고 어려운 사람을 돕도록 가르치며, 그것이 모든 종교의 중요한 덕목의 하나가 되고 있음을 부인할 수 없다. 그러니, 괴로움을 벗어나고 행복에 이르는 가장 가까운 거리에 있는 것이 종교인 셈이다. 다만, 종교는 어느 것이거나 마음과 행동으로 하는 종교이어야 하고, 머리와 입으로 하는 종교이어서는 의미가 없다.

3. 종교의 실상

존재하는 것이라고 해서 반드시 그 본래의 구실을 충실히 하는 것이 아니라는 것을 우리는 경험을 통하여 잘 알고 있다. 종교도 결코 예외는 아니다. 앞에서도 잠깐 보았지만, 종교는 모든 사람이 착하고 바르게 살며, 이웃을 자기 몸처럼 사랑하도록 가르친다. 각 종교의 신도들은 자기가 믿는 종교의 교리에 따라 이러한 가르침을 실천에 옮겨야 함은 물론이지만, 더욱이 성직자聖職者들은 신도들의 실천에 앞장서고 모범이 되어야 함은 말할 나위조차 없는 일이다.

성인도 여세출聖人與世出이라 하지 않았던가? 사람은 살면서 크거나 작거나 할 것 없이 세간의 영향을 피할 수 없다는 뜻이다. 종교도 사람이 하는 일이요, 성직자도 사람인 이상 그 범주를 완전히 벗어날 수 없는 일이다. 그러니, 시간이 흐르고, 사회현상에 변화가 오면 종교나 성직자에게도 그에 따른 부정적인 영향이 나타남은 피할 수 없다. 생긴 것은 모두 변한다. 종교가 창시된 뒤에 많은 시간이 흐르는 사이에 같은 종교 안에서도 수많은 교파教派가 생기고, 교파는 또 교파를 낳아 교파끼리 다투고, 심한 경우 다른 교파를 마치 다른 종교나 되는 듯이 비난하고 폄하하는 일을 예사로 볼 수 있다. 어디 그 뿐인가? 다른 종교를 가장 폭넓게 이해하고 받아들일 수 있는 아량을 가져야 할 종교가 편협과 독선에 흐르는 예 또한 적지 않다. 그에 더하여, 종교나 성직자가 종교 본래의 궤도를 벗어나 사회적 비난의 대상이 되는 경우가 적지 않음은 이미 널리 알려진 사실이다.

상황이 이와 같다 보니, 사회의 소금과 빛이 되고, 사람들을 착하고 바른 삶의 길로 이끌어 괴로움을 덜어내며, 어렵고 불행한 사람들을 따뜻하게 보듬어 괴로움을 덜어주어야 할 종교가 제 구실을 다하지 못하고, 오히려 사회적인 비난의 대상이 되는 수가 많음을 부인할 사람은 없을 것이다. 종교가 그 본연의 소임을 다한다면, 사회에서 따로 '힐링' 의 문제가 제기될 여지가 없다. 왜냐하면, '힐링' 은 본래 종교의 몫이기 때문이다. 그런데, 종교 밖 사회에서 '힐링' 이라는 소리를 내고, 그에 대한 호응이 높다는 것은 곧 사람들이 직면하고 있는 괴로움을 치유治癒할 길을 종교 밖에서 찾지 않을 수 없게 되었음을 실증하는 것으로 볼 수 있다. 모든 종교에는 바보들이 적지 않다. 그러나 어느 종교도 사람들에게 바보가 되라고 가르치지는 않는다.

종교에 있어 대표적인 바보노릇을 하는 것이 바로 흔히 말하는 '광신자'狂信者 또는 '맹신자'盲信者라고 불리는 사람들이다. 종교는 서릿발처럼 준엄하게 깨어 있지는 못해도 맑은 정신, 바른 마음으로 믿고 행해야 비로소 괴로움에서 벗어날 수 있음은 두 말할 나위조차 없다. 눈을 크게 뜨고 바른 마음으로 믿고 실천해도 어려운 일인데, 하물며 눈 감고 흐트러진 마음으로 믿어서야 종교인들 제대로 믿고 실행할 수 있겠는가? 흔히 이런 사람들은 자기가 믿는 종교만이 최상의 종교인 것처럼 내세우고, 다른 종교는 사탄Satan들이나 믿는 것인 것처럼 폄하한다. 그러니, 그들의 행위는 종교 사이의 협력과 이해를 깨고, 이웃에 괴로움을 안겨줄 것은 뻔한 노릇이다.

지난해에 있었던 일이다. 유명한 선교 단체에 속하는 한 성직자의 개탄스러운 탈선행위가 보도매체에 오른 적이 있다. 그 성직자는 거액의 공금을 빼돌려 호화생활을 해오다가 내부 감사에 적발되었다고 한다. 드러난 것만 해도 8억원 가량인데, 해당 선교단체는 돌려받기로 합의를 봤다고 하면서 법적 조치도 취하지 않은 채 덮으려고만 하고 있다는 것이다. 참으로 어처구니없는 노릇이다. 물론, 모든 종교, 모든 성직자가 그렇다는 것은 아니며, 일부 꼴뚜기가 생선 집 망신을 시키고 있는 예이다. 그러나 이와 같은 상황이 이 사건 하나만이라고 장담할 수도 없는 노릇이다. 그러니, 종교를 통해서 괴로움에서 벗어나 행복의 길을 찾으려고 기대한다는 것은 나무 위에서 물고기를 찾는 격緣木求魚이라는 의구심에 싸이지 않을 수 없는 것도 어찌할 수 없는 사실이다.

제3. 괴로움에서 벗어나려는 몸부림

1. 새로운 시작

시간에 대한 관념의 차이에 관계없이, 석양은 새 아침의 서곡이요, 끝은 새로움의 시작이다. 괴로움이 극에 달하면 탈출을 위한 몸부림을 불러오고, 거기에 어렴풋이 보이는 여명黎明이 돋기 시작하는 것이다. 결국, 괴로움에 대한 몸부림이 많고 격하다는 것은 그만큼 괴로움이 많다는 이야기가 된다. 앞에서 간단히 살펴본 바와 같이 현대에 사는 우리는 '너' '나' 할 것 없이 모두 괴로움의 늪을 벗어나지 못하고 있지만, 정작 그 괴로움의 늪이란 멀리 있는 것이 아니라 바로 우리의 마음속에 있는 것이다. 욕심을 줄여 만족할 줄 알고, 남을 시기하거나 원망하지 않으며, 어리석음에서 벗어나 이웃과 한 몸임을 알게 된다면 괴로움의 늪은 가뭄에 연못이 마르듯 자연히 사라지지 않을 수 없다. 인도의 간디Mahatma Gandhi는 "이 세상은 우리의 필요를 위해서는 풍요하지만, 탐욕을 위해서는 늘 부족하다"라는 유명한 말을 남겼지만, 참으로 정곡正鵠을 찌르는 명언이다.

10여 년 전 20세기 말에 접어들면서 바야흐로 전개될 21세기를 눈앞에 두었을 때, 사람들은 눈앞에 다가선 새로운 세기에 대한 기대와 불안으로 갖가지 희론戱論이 무성했던 일을 기억한다. 모든 컴퓨터가 20세기를 전제로 구성된 것이어서 21세기를 인식하지 못하고, 결국 2,000년 1월 1일을 기하여 모든 컴퓨터가 마비痲痺될 것이라는 주장에서부터, 20세기가 다하면 지구가 종말을 고할 것이라는 억측臆測에 이르기까지 갖가지 괴담怪談이 이어졌다. 그런가 하면, 21세기는 희망의 세기가 될 것이라는 막연한 낙관과 과학기술의 비약적인 발달로 인간의 생활은 한결 편리하고 풍요로워질 것이라는 장밋빛 꿈이 뒤섞여 기대에 부풀기도 하였다. 이러한 일들은 모두 세기의 변환을 계기로 지난날의 불만과 괴로움을 털어내고 희망찬 새로운 삶의 전환점이 되기를 기대하는 간절한 소망의 발로라고 해도 과언이 아닐 것이다. 마치, 매년 되풀이 하는 일이지만, 연말이면 새해에 대한 부푼 꿈을 설계하고 그 성공적인 실현을 기대하는 연중행사年中行事와 비슷한 심리의 발현發顯이라고 할 수 있다. 그러나 새해라고 해서 하루가 25시가 되는 것이 아니고, 괴로움이 말끔히 사라진 행복한 나날이 될 것도 아니며, 특별히 달라지는 것이 있는 것도 아니듯이, 새로운 세기라고 해서 우리가 살아온 지난 세기와는 달리 괴로움이나 고통의 구름이 걷히고 늘 상쾌한 푸른 하늘이 드러나라는 법은 없다. 다만, 구태여 말한다면, 새로운 세기를 맞아 심기일전心機一轉하여 괴로움의 늪에서 벗어나도록 노력하는 새로운 시작의 계기로 삼을 수는 있을 것이다.

2. 눈에 보이는 힐링

앞에서 잠깐 언급하였듯이 우리나라에서는 한때 웰빙well-being의 바람이 불더니, 그 바람이 잔잔해지자 곧 웰다잉well-dying이라는 말이 퍼지고 그에 관한 책이 서점에서 자주 눈에 띄었다. 그러나 그 바람도 얼마 가지 않아 잦아들고, 그 자리를 힐링healing이 메우는가 싶더니, 얼마 전부터는 웰다운well-down이라는 낯선 말이 눈에 띄기 시작하였다. 이러한 변화는 결국 사람들의 괴로움의 치유治癒에 대한 열망이 얼마나 큰 것인지를 보여주는 실증이다. 오늘날 세상은 저자가 어릴 때와 비교도 되지 않을 정도로 풍요롭고 편리해진 것이 사실인데도 불구하고, 사람들은 오히려 살기 어렵다고 아우성이다. 이는 바로 현대사회에 사는 사람들의 정신적 괴로움이 얼마나 심각한 것인지를 보여주는 것이라고 할 수 있다.

우리 주변의 상황을 보면 현대사회에서 삶이 안고 있는 괴로움이 얼마나 심각한 것인지를 짐작할 수 있게 한다. 상황이 그렇다 보니, 괴로움에서 벗어나게 하는 일이라고 하면 그것이 정확히 어떤 것인지 알지 못하면서도 일응 그에 기대보려고 한다. 사정이 이렇다 보니, 약삭빠른 사람들이 행여 뒤질세라 그에 편승便乘하여 편리할 대로 '힐링' 이니 '웰다운' 이니 하는 것을 팔고 다닌다. 그러나 막상 챙겨보면 우리 주변의 대부분은 외형중심外形中心이다. 원래, 사람들이 안고 있는 괴로움이나 고뇌苦惱는 모두 마음의 문제이다. 내부 심의적心意的인 영역에 속하는 일이다. 그런데 밖에서 소리만 요란을 떤다. 모든 것에는 겉과 안이 있고, 사람도 물질적인 몸과 정신적인 마음으로 이루어졌음을 우리는 잘 안다. 병을 고치려면 아픈 곳을 정확히 짚고, 그에 가장 적합한 처방을 해야 함은 물론이다. 외부적이고 물질적인 부분의 병이라면 환자의 직접적인 개입 없이 의사의 수술이나 시술로 치유를 꾀할 수 있지만, 정신적 질병인 우울증이나 괴로움의 경우는 환자 자신의 노력이 첩경이다. 의사가 할 수 있는 일은 환자가 해야 할 일을 제시하고, 그 실행을 돕는 정도의 것이다.

물론, 힐링 콘서트라거나 힐링 댄스와 같이 다중多衆을 상대로 하는 기획물이 일시적인 기분전환이나 활기를 불어넣는 효과가 있는 것은 사실이나, 그러한 정도의 것이면 구태여 힐링이라는 용어를 붙일 필요조차 없는 일이다. 그것은 진정한 의미의 치유가 아니기 때문이다. 우울증이나 괴로움에 시달리는 사람이라고 해서 쉴 사이 없이 고통 속에서만 지내는 것이 아니고, 잠깐씩이라도 기쁘고 즐거움을 느끼는 일이 있기 마련이다. 아무튼, 괴로움을 벗어나는 일은 떠들썩한 행사나 물질과는 거리가 먼 것임을 밝혀둔다.

3. 괴로움의 치유와 명상

괴로움을 치유하는 방편의 하나로 명상瞑想 : meditation을 드는 경우가 많을 뿐만 아니라, 조셉 골드쉬타인Joseph Goldstein 같은 세계적인 명상가는 초기불교 당시의 좌선법坐禪法을 정신치유에 활용함으로써 큰 효과를 거두고 있는 것으로 알려졌다. 명상의 개념을 간단히 말한다면 눈을 반쯤 뜨거나 감고 생각을 한 곳에 집중시켜 마음을 고요하게 하는 것을 말한다. 곧, 마음을 집중시켜 안정되게 하는 것이다. 흔히 삼마다samadha 또는 지止라 부르는 것이 그것이다. 소박한 의미의 명상은 모든 종교에 공통되는 것이라고 할 수 있으나, 특히 그에 중점을 두는 종교로 불교를 들지 않을 수 없다. 불교에서는 명상을 가리켜 선정禪定 또는 삼마디samadhi라고 부르는 것이 보통인데, 마음을 한 곳에 집중하고 고요함을 유지하는 것이다. 다만, 한 마디로 선정이나 삼마디 또는 명상이라 해도 구체적인 방법에는 여러 갈래가 있으므로 그리 단순한 일은 아니나, 지향하는 바는 모두 같은 것임을 부인할 수 없다. 선정에 들어 잡념을 없애고 마음을 고요하게 함으로써 마음을 정화淨化할 수 있는 점은 모두 같다는 것이다.

근년에 들어 서구에서는 우울증이나 알콜 중독 등에 대한 정신요법精神療法으로 명상의 방법이 폭넓게 연구되고, 또 활용되어 많은 성과를 나타낸 것으로 보도되고 있으며, 그에 관한 저서도 한두 권이 아니다. 우리나라에서 볼 수 있는 명상상담도 같은 맥락의 것이라고 할 수 있다. 다만, 괴로움의 치유는 명상에만 의존할 수 있는 것이 아니다. 출가하여 수행에 몰두하는 사람이라면 몰라도, 매일 현실의 생활에 매달려야 하는 사람의 처지에서는 명상에만 매일 수 없는 일이기 때문이다.

괴로움의 늪에서 제대로 벗어나기 위해서는 사고思考의 바탕이 바뀌어야 한다. 사람은 마음에서 생각이 우러나고, 그 생각이 말로 표현되며, 말로 표현된 것은 행동으로 나타나는 것이 보통이기 때문이다. 이를 흔히 몸과 입 및 뜻으로 하는 세 가지 행行이라고 한다. 괴롭거나 즐겁거나 할 것 없이 사람의 행위는 이들 세 가지 형식을 벗어나지 않는다. 그러므로 이들 세 가지가 괴로움으로 연결되지 않도록 하는 것이 괴로움에서 벗어나는 첩경이고, 거기에서 괴로움으로부터 벗어나는 요체要諦를 찾을 수 있다. 샤론 베글리Sharon Begley는 그의 저서 '마음을 닦아 뇌를 바꾸자'[23]에서 마음의 수련으로 뇌는 바뀔 수 있는 것임을 구체적으로 밝혔다. 이 또한 괴로움에서 벗어나기 위해서는 마음의 수련이 따라야 함을 보인 좋은 예라고 할 수 있다.

23) Sharon Begley, Train Your Mind, Change Your Brain, 2007.

제 4 장

'나' 는 무엇이고, 마음이란 무엇인가?

앞에서 본 바와 같이 괴로움의 중심에는 언제나 '나' 라는 것이 도사리고 있고, 괴로움을 유발하고 느끼는 것은 바로 나의 '마음' 이다. 그러므로 '나' 라는 관념의 늪에서 벗어나고, 그 결과 '나' 라는 것에 대한 집착이 없거나 줄어든다고 한다면 우리는 그만큼 괴로움에서 벗어나 마음의 평온을 유지할 수 있을 것이다. 사람은 살면서 굳어진 관념의 울타리 속에 갇인 신세로 일생을 보내는 것이 보통이다. 의식 속에 깊숙이 자리 잡은 관념은 여간해서 변하지 않고 끊임없이 그 내용을 추구하게 하는 마력魔力을 가지고 있다. 그렇기 때문에 관념은 선입견先入見으로 작용하고, 그에 집착하게 만들어 결국 사람을 괴로움에 빠트린다.

우선, 우리에게 가장 깊이 박혀있는 '나' 라는 관념을 보자. 사람들은 어려서부터 귀가 아플 정도로 들어온 '나' 라는 관념에 아주 익숙해진 나머지, 이제는 스스로 모든 일에서 '나' 를 앞세우고, '나' 라는 관념에 매이지 않고는 하루도 지낼 수 없다. 사는 것도 '나' 가 사는 것이고, 먹는 것도 '나' 를 위한 것이며, 경쟁에서 이기려는 것도 바로 그 '나' 때문이다. 모든 것은 '나' 가 있고 난 뒤의 일이고, 모든 것은 '나' 를 중심으로 전개된다. 그러니, '나' 의 연장선상延長線上에 있는 것, 곧 '나' 의 가족, '나' 의 집, '나' 의 고향, '나' 의 나라 따위가 '나' 와의 친소親疎에 따라 핵심인 '나' 에 곁들이는 것이다. 그러니, 사람이 산다는 것은 실체조차 알 수 없고, 눈으로 보거나 손으로 잡을 수도 없는 '나' 라는 관념이 사는 셈이고, 우리가 추구하는 행복도 바로 그 '나'를 위한 것이며, 괴로움이라는 것도 실은 그 '나'의 빗나간 생각으로 인해서 '나'가 겪는 일이다. 이에 관해서 간단히 살펴보는 것이 필요할 것 같다.

제1. '나'는 무엇인가?

우리는 말끝마다 '나'를 내세우지만, 정작 알 수 없는 것이 '나'다. 나는 과연 무엇인가? 이 몸이 '나'인가? 아니면, 눈에 보이지는 않지만 마음이라는 것이 '나'인가? 그것도 아니면, 흔히 몸과 마음으로 이루어진 것이 사람이라고 하니, 바로 그 사람이라는 것이 '나'인가?

이 몸은 따지고 보면 헤아릴 수 없이 많은 세포가 모여서 된 고기 덩어리에 불과하며, 그 세포도 수십만 개씩이 한때도 쉬지 않고 순간순간에 죽고 또 새로 생겨나기를 되풀이하면서 살아 숨 쉬고 있는 것에 지나지 않으니, 그것이 곧 '나'는 아닌 것 같다. 더욱이, 의학기술의 발달로 근년에 들어 성행하고 있는 인공장기人工臟器의 이식상황移植狀況이나 얼굴 등을 뜯어 고치는 성형수술成形手術을 본다면 이 몸이 '나'는 분명히 아닌 것 같다. 만일, 이 몸이 '나'라면 장기를 떼어내고 인공장기를 이식移植하면 그 '나'가 가만히 있을 것 같지 않다. 어디 그 뿐인가? 어디에 있는지 있다면 어떻게 생겼는지 조차도 알 수 없고, 때도 곳도 없이 바뀌어 나타나는 마음이라는 것이 '나' 일 수도 없을 것 같다. 아무리 생각해도 뚜렷한 답이 나오지 않는다.

어디 그뿐인가? '나' 는 도대체 어디에서 왔고, 어디로 갈 것인가? 어머니 뱃속에서 나와 언젠가는 삶을 다하고 사라지는 것이라고 하면 그만이겠지만, 그렇게 간단히 풀리는 문제가 아닌 것 같다. 하기야, '나' 라는 것이 쉽게 잡히는 것이 아니기 때문에, 그 '나' 라는 것을 찾아 한평생을 보내고도 답을 못 찾은 채 떠나는 선객禪客이 얼마나 많은가?

결국, 우리는 이 세상에 태어나면서부터 죽을 때까지 정체도 정확히 알 수 없는 '나' 라는 관념에 매달려 살고 있는 셈이다. 모든 일에 '나' 를 내세우자니, 나, 내 것, 내 명예, 내 집, 내 가족, 내 고향, 내 나라 따위에 매어 하루도 마음이 편할 때가 없다. '나' 를 세우자니, '나' 이외의 모든 것은 '너' 가 아니면 '그' 이고, '너' 나 '그' 는 언제나 '나' 와는 대립되는 상대로 여기면서, 바로 그 '너' 나 '그' 에게 조금이라도 질세라 안달이다. 그런데, 바로 그 대단한 '나' 라는 것이 무엇인지 정체조차 잘 알 수 없으니 한심스런 일이 아닐 수 없다.

그러나 곰곰이 생각해 보면 '나' 나 '너' 라는 것은 대화對話나 생활의 편의를 위해서 붙여진 이름에 지나지 않는다. 여러 사람이 모여 살면서 서로 의사소통意思疏通을 해야 하니, 말하는 쪽을 '나' 라 하고, 그 상대방을 '너' 라고 표현하기로 한 약속이 오랫동안 인습적으로 쓰여 온 것뿐이다. 1인칭人稱이 '나' 이고, 2인칭이 '너' 라고 불릴 뿐이다. 사실, '나' 를 '나' 라고 부르는 것은 오직 '나' 뿐이고, 다른 모든 사람은 '나' 를 '너' 아니면 '그' 라고 부르니, 어찌 보면 '나' 만큼 초라한 존재도 없을 것이다. 그러고 보면, '나' 라는 것은 꼭 특정한 사람과 관계되는 것이 아니고, '나' 는 '너' 가 되기도 하고 '그' 가 되기도 하며, '그' 나 '너' 가 '나' 일 수 있는 것이다. 데이비드 흄David Hume도 "그가 생각하는 자신의 정체성enduring self은 인칭대명사人稱代名詞 '나' 에 의해 만들어진 그림자이자 지어낸 이야기이다."라고 생각했다.[24] 그런데도 사람들은 한사코 그 '나' 에 집착하고 매달려 마음을 조이니 알 수 없는 일이다. 바로 그 '나' 라는 것이 이름뿐인 허무한 것임을 제대로 안다면 '나' 라는 것에 대한 관념에서 오는 괴로움은 애초부터 일어날 바탕이 없는 것이다. 짐 홀트Jim Holt는 앞에서 본 그의 저서에서 "영속적이며 물질적인, 그리고 같은 나는 허구에 불과하다. 붓다가 말한 것처럼 자아自我는 '그저 요소들이 모인 것에 붙여진 일반적인 이름에 불과' 한 것이다."라고 분명히 밝히고 있음을 유의할 필요가 있다.[25]

24) 짐 홀트, 상게서, 468쪽.
25) 짐 홀트/우진하, 상게서, 473쪽.

제2. 모든 것은 '공'이다.

짐 홀트는 '세상은 왜 존재하는가?' Why Does The World Exist?라는 앞서 든 그의 저서에서 "우주 역사의 어느 순간에 어떤 원자 한 무리가 우연히 어떤 방식으로 하나로 모이게 되었기 때문에 나는 존재한다."라고 설파說破하였다. 이는 바로 불교에서 말하는 무아無我나 공空과 상통하는 말이다.

우리는 날마다 감각기관인 육근六根을 통해서 갖가지 물건을 보고 여러 가지 소리를 들으며, 냄새를 맡고 맛을 보며 다른 것들과 접촉하면서 살아간다. 사람들은 그처럼 보고 들은 것이 모두 각각 스스로 독립된 본래적인 실체實體로 생각한다. 그러다 보니, 사람들은 그에 매달리고 집착하여 갖가지 편견을 불러일으켜서 결국 괴로움을 낳고 그에 얽매어 허덕인다. 저자가 2006년 초 인도에서 달라이 라마Dalai Lama를 만나 인연에 관한 이야기를 나누던 중, 달라이 라마는 "잘 관찰해 본다면 모든 것은 그 자체로서 독자성을 가질 수 있는 본래적인 실체나 절대적인 존재성을 지닌 것은 없고, 그것을 불교에서는 공空 : sunyata, emptiness이라고 묘사한다"[26]라고 말하면서, '공'空이란 텅 비어 있다는 뜻이 아니라, 그

26) Dalai Lama, The Universe in a Single Atom, 2005, p. 47.

자체로서 존재하는 본래적인 실체가 없다는 것이라고 강조한 것이 생각난다.

모든 것은 '공' 이라고 하지만, 과연 무엇이 어떻게 '공' 하다는 말인가? 먼저, 여기에 하나의 유리컵이 있다고 하자. 물이 가득 든 컵을 들고 이 컵은 비었는가? 라고 묻는다면, 누구나 그 컵은 물이 가득 차 있다고 대답할 것이다. 물을 모두 쏟아낸 다음 다시 이 컵은 비었는가? 라고 물으면, 이번에는 모두 그렇다고 답할 것이다. 그러나 그 컵에 물은 없지만 여러 원소와 에너지를 안고 있는 공기로 가득 차 있다. '공', 곧 비었다는 것은 무엇인가가 비었다는 것이고, 애당초 아무 것도 없는 것이 빌 수는 없다. 그러니 비었다는 것은 무엇인가가 비었다는 뜻이 된다.

그러면, 무엇이 '공' 이라는 말인가? 그것은 물질 하나하나의 본래의 상태이다. 모든 것은 인연이 닿아 여러 요소가 결합되어 이루어진 것이지, 그 어느 하나도 본래부터 스스로 그대로 존재하는 것은 아니라는 뜻이다. 세계적인 천체물리학자인 스티븐 호킹Stephen Hawking 교수는 그의 근년의 저서 '위대한 설계' The Great Design에서 "우리와 우리 주변의 사물들은 상상을 초월할 정도로 많은, 관찰 가능한 우주에 있는 별보다 더 많은 원자로 이루어진 복합물複合物이다. 인간을 비롯한 물건들은 거대한 원자집단原子集團인데, 그런 집단의 구성요소인 원자들은 양자물리학의 원리를 따르지만...... 뉴턴의 법칙들은 우리의 일상 세계에 있는 복합물들의 행동을 매우 정확하게 기술하는 유효이론有效理論이다."[27]라고 주장함으로써 생물을 포함한 모든 사물의 근본과 현상을 잘 설명하였는바, 그의 설명 역시 '공'의 참뜻을 잘 나타낸 것이다.

불교에서 모든 것은 '공'이라고 말하는 것은 그것이 고유한 실체로서 존재하는 것이 아니라, 인연에 따라 여러 인자因子가 일시적으로 결합하여 만들어진 것일 뿐이라는 뜻이다. '공'이라는 말은 없다無는 뜻으로 이해되기 쉽기 때문에, '공'이란 아무 것도 존재하지 않는다는 뜻으로 받아들여지기 쉽다. 그러나 언어言語가 오해되는 것은 언어 자체가 실체가 없기 때문이다. 여기에서 말하는 '공'이라는 것은 아무 것도 존재하지 않는다는 뜻이 아니다. '공'이란 사람을 포함한 모든 것은 다양한 조건에 상호 의존하기 때문에 조건의 변화에 따라 변하고, 스스로 독립하여 존재할 수 있는 실체가 없다는 것을 말하는 것이지, 어떤 존재도 없다는 뜻이 아니라 그 존재의 본디 자성自性이 없다는 말이다. 그래서, 이 자성이 없다는 것은 곧 무아無我와 같은 맥락으로 '공'에 연결되는 것이다.

그러므로 '공'은 결코 우리와 동떨어진 별개의 세계가 아니다. 궁극

27) Stephen Howking/Leonard Mlodinow전대호 역, 위대한 설계, 2010, p. 84.

적으로 '공'의 세계와 현상의 세계는 하나다. '공'은 창조되지 않고 스스로 항상 그렇게 존재하는 상태인데 대해서, 현상은 '공'이라는 산실産室에서 꾸며져 나온 일시적인 것이라는 차이가 있을 뿐이다. 그러니 '공'을 제대로 이해하고 체득하려면 우리가 살면서 쌓아온 그 알량한 지식과 경험 그리고 거기에서 비롯된 관념을 훌훌 벗어던지고 본래의 청정한 마음의 상태가 되어야 한다. 눈이 부시다고 색안경을 끼고는 아무리 애를 써도 제대로 빛깔을 볼 수 없다. 그래서 '공'의 깊은 원리를 터득하면 각자覺者의 경지에 이르는 것이고, 그렇지 못하면 어리석음에 가린 범부일 수밖에 없다. 왜냐하면, '공'의 오묘한 원리를 터득하고 보면 사람을 비롯한 모든 것은 그 자체로 고유한 실체가 없어 무상無常함을 알고, 그렇기 때문에 자연히 모든 선입견先入見을 여읜 밝은 눈으로 사물을 볼 수 있어서 괴로움 따위는 범접犯接할 여지조차 없다.

결국, 사람을 포함한 모든 것은 본래부터 그에 고유한 실체가 없이 여러 인자가 모여 이루어진 일시적인 현상에 불과하고, 그 실체를 추구하여 파내려가 보면 분자分子, 원자原子를 거쳐 쿼크quark와 같은 극미립자極微粒子에 이르러 안정된 실체를 파악하기조차 어렵게 된다는 것이니, 마침내 '공'의 지경에 이르는 것이다. 캘리포니아 버클리대학의 카프라 교수Fritjof Capra는 그의 '현대물리학과 동양사상'에서 "'공'은 단순한 무無로 생각되어서는 안 된다. 오히려 그것은 모든 형태의 근본이며, 모든 생명의 원천이다. 불교도들은 그들의 궁극적인 실재를 수냐타sunyata, 공emptiness이라 부르며, 환상적인 세계에서의 모든 현상을 일으키는 것은 바로 이 살아 있는 '공'이라고 확언한다. 동양신비주의의 공은 쉽게 아원자물리학의 양자장量子場 : quantum field과 비교될 수 있다. 양자장처럼 그것은 한없이 다양한 현상을 낳으며, 그것을 보존하면서 결국 다시 거두어들인다."라고 말한 다음, "양자론은 우주의 근본적인 전일성全一性을 드러내 주었다. 그것은 독립적으로 존재하는 최소의 단위로 이 세계를 분해할 수 없다는 것을 보여주었다. 물질을 뚫고 들어가 보면 볼수록 자연은 어떤 독립된 기본적인 구성체를 보여주지 않고, 오히려 전체의 부분들 사이에 있는 복잡한 그물의 관계를 나타낸다."라고 주장하여[28] '공'의 경지를 과학적으로 분명하게 설명하였다.

위에서 '공'은 우리들 사람을 포함하여 이 세상의 어느 것 하나 본래부터 그 스스로 고유하게 존재하는 것은 없고, 인연이 닿아 여러 인자因子가 화합하여 일시적으로 만들어진 것에 불과함을 나타내는 것이라고 했다. 그렇기 때문에 '공'은 앞에서 본 바와 같이 무아無我로 통하고, 무아이기 때문에 시간이 흐르면 변하고 망가져 사라지지 않을 수 없는 것,

28) Capra, The Tao of Physics, 2006, 김용정/이성범 공역, 현대물리학과 동양사상, pp.98, 277.

곧 무상無常과 연결되며, 엄연히 있던 것이 사라지니 그것을 여러 모로 경험하는 사람으로서는 괴로움에 잠기지 않을 수 없다.

그러나 '공'의 관념에 투철하면 '나'라고 내세울 만한 실체가 없다거나, '너'라고 시기하고 배척할 실체가 없다는 것을 쉽게 이해함으로써 당연히 그러한 맹목적인 관념에서 벗어날 수 있게 된다. 그 뿐만 아니라, 이 세상에 고정불변固定不變의 것은 없다는 것을 알기 때문에 고정관념固定觀念에서 벗어날 수 있고, 늘 유연한 마음가짐을 유지할 수 있다. 자유인自由人이란 따로 있는 특별한 사람이 아니라, 마음이 어디에도 매이지 않고 유연한 사람을 가리키는 것일 뿐이다. 그러므로 '공'의 관념은 우리 마음의 담벼락을 헐어내고 어디에도 매이지 않은 훤칠하게 트인 마음을 보장해 줄 수 있는 유일한 수단tool이라고 할 수 있다. 구름 한 점 없이 툭 트인 푸른 하늘을 보고 있노라면 처음과는 달리 차츰 그 푸름 속에 가득한 무엇인가를 느끼는 수가 많다. 그 없는 듯하면서 있는 듯한 것이 바로 '공'이요, 우리의 삶 그 자체임을 알 일이다.

사람들은 자신도 잘 알지 못하는 관념觀念에 매어 모든 것을 생각하고 사물을 보고 판단하는 것에 익숙해 있다. 그렇다보니 자기 마음에 들지 않는 일이 많고, 허망하여 괴로움을 자아낸다. 우리는 배운 지식과 스스로의 경험을 바탕으로 사실을 사실대로 인식하고, 올바로 판단해야 한다. 그러기 위해서는 우주를 지배하는 '공'의 진리를 알아야 한다. 내로라하는 과학자까지도 우리가 사는 지구가 속하는 이 태양계가 다하는 곳의 상황에 관해서 말이 많았던 것을 기억한다. 경계가 있다거나, 태양계 밖에는 전혀 다른 환경이 전개되고 있을 것이라는 등 말이 많았다. 그러나 1977년 9월 미국의 나사NASA가 쏘아올린 보이저Voyager 1호가 무려 36년 여의 항행航行 끝에 이미 태양계와 우주공간의 경계인 헬리오포즈heliopause를 지나 이른바, 자기고속도로magnetic highway에 들어섰는데도 아무런 변화가 없음을 보이고 있으니, 이 우주는 무시무종무변無始無終無邊, 곧 시작도 없고 끝도 없으며 경계도 없다고 밝히신 붓다의 가르침을 되새기지 않을 수 없고, '공'의 진리를 저절로 떠올린다. 그러니, 이러한 '공'의 이치를 안다면 어찌 일상의 사소한 일로 괴로움에 허덕이겠는가!

제3. 그 마음이란 놈이

'나' 라는 것은 과연 무엇이고, '나' 는 왜 존재하는가? 라는 문제를 비롯하여 갖가지 괴로움 따위로 고민할 때, 진정으로 고민하고 있는 것은 무엇인가? 행복하다거나 괴롭다고 생각하는 것은 다분히 주관적主觀的인 일인데, 무엇이 그처럼 행복해 하거나 괴로워하는가? 데카르트Rene Descartes는 "나는 생각한다. 그러므로 나는 존재한다"cogito, ergo sum라는 유명한 말을 남겼지만, 그 말에서 '나' 는 물리적인 육체와는 구별되는 무형無形의 어떤 것을 의미했다고 한다. 그것은 과연 무엇인가? 화엄경에서는 "모든 것은 마음이 만든다"一切唯心造 라고 밝히고 있지만, 위의 물음들은 모두 '마음' 에 귀착된다.

사람은 물리적인 육체와 정신적인 마음으로 이루어졌다고 하지만, 극히 최근에 이르기까지 서구西歐의 과학은 객관적인 존재에 대한 연구에 초점이 맞추어지고, 마음mind이나 의식consciousness의 문제에는 크게 관심을 두지 않았던 것이 사실이다. 그렇다 보니, 17세기로부터 현재에 이르기까지 자연질서自然秩序에서 마음을 배제하고 모든 문제를 물질적으로 다루는 형이하학적形而下學的 방식이 취해진 것이며, 의식적이든 무의식적이든 과학적 물질주의의 입장이 적어도 20세기 말경까지 지속되어온 것을 부인할 수 없다. 결국, 실제로 우리의 주인격主人格인 '마음'

은 뒷방으로 밀리고, 물질적인 육체만이 온방을 차지한 셈이다.

그러나 근년에 보는 바와 같은 후산업사회後産業社會 내지 정보사회情報社會에서 두드러지게 나타나기 시작한 각종 정신적 질환에 자극된 점도 있지만, 뒤늦게나마 인지과학cognitive science의 발달에 힘입어 사람의 정신영역精神領域에 대한 연구가 촉진되고, '마음' 에 대한 관심이 높아진 것은 그나마 다행한 일이다. 미국의 콜로라도Colorado에 본부를 둔 마음과 생명연구소the Mind & Life Institute는 마음과 뇌신경 연구에 있어 선구적先驅的 역할을 하고 있다. 그럼에도 불구하고, '마음' 에 관한 연구는 아직 겨우 거름마의 단계를 벗어나지 못하고 있다고 해도 과언이 아닐 것이다.

모든 것은 마음에서 비롯되어 마음으로 끝맺는다고 할 수 있다. 하기야 앞에서 언급한 바와 같이, 우리의 일상 삶이라는 것은 마음에서 생각을 빚어내고 그것이 말과 행동으로 나타난다는 것쯤은 누구나 알 수 있는 일이다. 그러나 우리는 가장 근본에 있는 마음은 의식하지 않고, 오직 그 마음이 밖으로 나타나는 생각, 말 및 행동에만 주의를 기울이면서, 그것에 매어 움직이는 것이 예사이다. 그러다보니 마음 장난에 놀아나 한 때도 편할 수가 없다. 어디 그 뿐인가? 겉으로 드러나는 얼굴은 하루에도 몇 차례씩 씻고 매만지고 찍어 바르면서, 정작 마음은 전혀 돌

볼 생각조차 않는다.

사람은 몸과 마음으로 이루어져 있다. 우리 육신의 병을 다스리는 의학이 크게 발달한 것처럼, 마음에 관한 연구도 이제는 제법 활발하게 이루어지고 있어 꽤 흥미로운 연구결과가 보고되고 있다. 그러나 과학이라는 잣대로 모든 것을 재려는 데에는 한계가 있고, 특히 마음에 관한 한 그렇다고 본다. 다만, 마음이 어떤 것인지를 구체적으로 알거나 모르거나 우리 안에 마음이라는 것이 있고, 그 마음이라는 것이 우리의 생각을 일으키고, 일거일동一擧一動을 좌우한다는 것은 틀림없는 일이다. 그러기에 우리는 흔히 마음을 잘 쓰라거나, 그 사람은 마음이 비틀어졌다거나, 그 사람은 마음이 착하다는 등 마음에 관한 말을 서슴없이 하고 산다. 그런데, 그 마음이란 놈이 여간 요술을 부리는 것이 아니다. 오만가지 생각이 왔는가 하면 가고, 갔는가 하면 생겨나며, 그 생각이라는 것은 시작을 알 수 없는 태고 적부터 끝을 알 수 없는 먼 미래까지 순식간에 왔다 갔다 하면서 온 세간을 들었다 놓았다 한다. 이 마음이라는 놈이 얼마나 크고 빠른지 헤아릴 길이 없으며, 사람을 제 노리개처럼 갖고 놀기를 예사로이 한다. 그러니 우리는 영락없이 마음의 노리개요, 그 장난에 놀아나 일희일비一喜一悲를 거듭한다.

그런데 그 마음이란 것이 어디에 있는지, 어떻게 생겼는지조차 알기가 쉽지 않다. 이 마음에 관해서 안심법문安心法門이라는 것이 있다. 뒷날의 선문禪門 2조 혜가慧可가 면벽수행面壁修行 중인 달마대사를 찾아가 "제 마음이 평안을 찾지 못하고 있으니, 청하옵건대 부디 제 마음을 안정시켜 주십시오."라고 하자, 달마가 "어디 자네 마음이란 것을 내놓아 보게. 그러면 내가 그것을 진정시켜 줌세."라고 했다는 것이다. 8년간에 이르는 장좌불와長坐不臥의 수행정진을 한 혜가도 끝내 그 마음이란 것을 찾을 수 없어 달마대사를 찾아가게 된 것이다. 그러니 범부로서 마음을 찾기 힘들다는 것은 오히려 당연한 일인지도 모른다. 하기야, 이른 봄에 화려하고 탐스런 꽃을 피운 아마릴리스amaryllis의 구근球根을 쪼개 보아도 그 속에 꽃은 고사하고 한 점의 붉은 빛깔조차 찾아볼 수 없고, 먹음직한 감을 열리게 한 감나무를 잘라보아도 감의 흔적은 고사하고 감의 냄새조차 느낄 수 없다. 신기하기 짝이 없는 일이다.

영국출신의 신경과 의사로서 미국에서 오랫동안 정신신경학자로 활약하면서 많은 성과를 낸 바 있는 올리버 색스Oliver Sax 교수 조차도 마음을 연구함에 있어 두뇌頭腦의 경계를 벗어나지 못하였으니, 신묘한 마음의 영역을 밝히기가 어려웠을 것임은 짐작이 가는 일이다. 마음에 관한 연구로 많은 호응을 얻고 있는 베잇슨Gregory Bateson 교수는 전통적인 데카르트적Cartesian인 이원론적 사고二元論的 思考에서 벗어나 마음은 생물의 특징적인 조직현상systems phenomenon으로 보아야 한다고 하면서

"마음이란 뇌와 고차원의 신경계통을 만들어낸 조직이 출현하기 오래 전부터 있어온 어떤 복합체의 필요 불가결한 결과"라고 말하여,[29] 전통적인 연구의 틀에서 한 걸음 나아간 입장을 보였다. 이러한 새로운 접근방법approach을 계기로, 이 분야에 대한 연구에 박차를 가하게 되었고, 그 결과 "마음은 어떠한 물체가 아니라 과정過程 : process, 곧 생명의 과정이라 할 수 있는 인지과정인 것이며, 따라서 마음과 뇌의 관계는 과정과 구조의 관계로 파악할 수 있다"[30]는 것이다. 아무튼, 오늘날 과학이 크게 발달하였다고 해도 우주를 채우고 있는 인자因子의 겨우 5%정도를 알고 있을 뿐이지 않은가? 인체의 기관器官에 대한 분석을 통하여 마음을 찾으려는 것은 나무 위에서 물고기를 찾는 격이 아닌가 싶다. 근본적인 사고思考의 전환이 필요할 것 같다. 그러니 마음의 거처居處인 규방閨房을 담 넘어선들 기웃거리기라도 하겠는가? 그래서 이제 과학, 특히 의학이 물질주의에서 탈각脫殼해야 할 충분한 시점에 이른 듯하다고 하는 것이다. 필자로서는 정확히 알 수는 없으나, 마음이란 양자물리학계의 일부에서 추론推論하는 것처럼 마음은 어떤 기氣, 곧 에너지의 집합체mass of certain energies로서, 생각은 바로 그 마음이 만들어 내는 과정인 것으로 느낀다. 그러니 잘 해서 느낄 수 있을 뿐, 그것을 볼 수 없고 만질 수도 없는 것 아니겠는가?

29) Fritjof Capra, Uncommon Wisdom, pp. 83, 84.
30) Copra/Luisi, Ibid., p. 257.

불교는 마음공부라 하고, 마음을 챙기는 일이라고도 한다. 마음이 모든 것의 근원에 있으니, 그 마음을 닦고 챙겨 마음이 함부로 부글거리지 못하도록 가라앉혀 맑고 고요하게 하려는 것이다. 다만, 마음은 형상이 없어 육안으로 볼 수 없고, 손으로 만질 수 없어 그 정체를 파악하기가 쉽지 않다. 공기나 전파처럼 마음이란 것이 있기는 분명히 있는 것 같은데, 볼 수 없고 만질 수 없어 알기가 쉽지 않다. 우리는 공기나 전파를 직접 보아 알지는 못하지만 그의 작용을 통해서 그 존재를 인식할 수 있듯이, 마음의 작용을 통해서 마음을 느낄 수 있을 뿐이다. 전에 필자가 달라이 라마를 뵈었을 때에 "마음이란 무엇입니까?"라고 묻자, 그는 "마음이란 그저 느낄 수 있을 뿐인데, 그것도 쉽지 않아요."라고 한 말이 생각난다. 마음을 느끼기가 쉽지 않기 때문에 우리는 마음공부에 열을 올리게 되고, 또 마음공부의 보람을 느낄 수 있는 것 아닐까?

아무튼, 우리의 기쁘고 슬프며 애처롭고 즐거운喜悲哀樂 모든 감정은 마음에서 우러난다. 좋다거나 괴롭다는 느낌도 마음의 짓이다. 그러니, 마음만 잘 조련調練하면 괴로움의 문제는 해결된다. 그러니, 마음이란 놈이 고개를 들고 일어나려 할 때에 그것을 알아차리면 마음은 슬그머니 꼬리를 내리고 만다. 구태여 쫓아내려고 애쓸 것도 없이 그저 알아차리기만 하면 된다. 그 마음의 움직임을 따라가지 않으면 그만이다. 마음은 그 움직임이 탄로綻露 났다 싶으면 결코 대들거나 더 성해지지 않고 스스로 사라지고 마는 매우 순한 놈이다. 그러니 항상 마음을 지켜보고 챙김으로써 마음이 고요함을 유지하도록 할 일이다. 물질적인 명품만을 챙길 일이 아니라, 자기 마음이 명품이 되어야 한다. 그러기 위해서는 몸만 자주 씻을 일이 아니라 하루에 한 차례 단 5분 정도 만이라도 마음을 챙겨야 한다. 만사萬事의 근원은 바로 마음이기 때문이다. 예로부터 건강한 몸에 건강한 마음mens sana in corpore sano이라는 말이 있지만, 근년에 들어 오히려 "건강한 마음에 건강한 몸"이라는 말이 더 관심을 끌고 있는 것도 바로 마음에 대한 관심의 제고와 삶에 있어서 마음의 중요성을 보이는 일이라고 할 수 있다. 마음만 제대로 알고 다스린다면 괴로움에 시달릴 까닭이 없는 일이다.

제 5 장

괴로움에서 벗어나는 길

제1. 괴로움은 없앨 수 있다

몇 년 전에 유행어처럼 번지던 힐링의 열풍과 함께 많이 들리는 분으로 법륜, 혜민 및 정목의 세 스님을 꼽을 수 있다. 이 세 분의 공통점은 모두 출가 수행하는 비구比丘거나 비구니比丘尼이고, 많은 사람이 이 세 분을 '힐링'의 전도사처럼 생각하였다는 점이다. 그러면, 불교와 괴로움에서 벗어남과는 과연 어떠한 관계이어서 이들 세 분이 모두 출가승들인가? 적어도 필자의 눈으로 볼 때, 괴로움의 치유와 가장 가까운 종교를 들라고 한다면 위에서도 지적하였듯이 불교를 들지 않을 수 없다. 이미 설명한 바와 같이, 붓다의 직접적인 출가동기出家動機는 한마디로 인간의 괴로움의 원인을 밝히고 괴로움을 없애는 길을 모색하여 괴로움으로부터 중생을 해탈의 길로 이끌기 위한 것이었다. 그렇기 때문에 붓다 가르침의 핵심은 바로 괴로움으로부터 벗어나는 길이다. 그런 뜻에서 붓다께서 가르친 괴로움을 없애는 길에 관하여 살펴보고자 한다.

붓다께서는 "괴로움은 없앨 수 있다"라고 분명히 밝히셨다. 누구나 아는 바와 같이 붓다는 신神이 아니다. 우리와 똑같은 사람으로 태어나신 분이다. 그는 일찍이 "세상이 병들기 때문에 내가 병들고, 사람들이 고통스럽기 때문에 나도 고통스럽다." 라고 설파했다. 그 말은 여러 뜻을 담고 있다. 첫째, 이 세상에 태어난 다른 사람들과 마찬가지로 그 자신도 이 세상에 태어난 사람이라는 것이다. 둘째, 사람으로 태어났기 때문에 세상이나 사람들이 안고 있는 어려움을 함께 한다는 것이다. 셋째, 로 세상이나 사람들이 안고 있는 괴로움을 당신의 것으로 생각한다는 것이다. 마지막으로 세상이나 사람들이 안고 있는 괴로움을 고쳐 없애기 위한 짐을 스스로 짊어졌다는 것이다. 그러므로 붓다의 가르침은 세상 사람들이 안고 있는 괴로움으로부터 해탈하기 위한 것이다. 그 해탈을 위한 길은 신의 계시啓示에 의한 것이 아님은 물론, 역사적인 교훈을 담은 것도 아니고, 붓다 스스로의 고행苦行과 선사禪思를 통해서 스스로 깨친 우주의 진리에서 우러난 것이며, 붓다의 그러한 가르침의 핵심을 담고 있는 것이 전법륜경轉法輪經에서 밝히신 사성제四聖諦 : Four Noble Truths이다. 틱낫한Thich Nhat Hanh 스님이 "사성제는 부처님 가르침의 정수精髓이다"[31]라고 한 것이라던가, 라훌라Walpola Sri Rahula 박사가 "부처님께서 바라나시의 이시빠따나에서 그의 오랜 도반인 다섯 고행자들에게 처음으로 설한 네 가지 거룩한 진리에 부처님 가르침의 핵심이 있다."[32]라고 한 것도 모두 같은 뜻이다.

31) Thich Nhat Hanh, The Heart of the Buddha' s Teaching, 1998, p. 9.
32) Rahula, What the Buddha Taught, 1959, p.16.

일반적으로 말하는 사성제란 붓다께서 가르친 네 가지 진리를 말하는데, 그것은 세상 사람들은 누구나 할 것 없이 괴로움에 시달리고 있는데 그 괴로움의 원인은 무엇인지? 괴로움은 없앨 수 있는 것인지? 없앨 수 있다면 그 방법은 무엇인지?를 밝힌 내용으로, 흔히 고집멸도苦集滅道라고 한다. 고집멸도를 요약해서 말하면, 1 사람들은 괴로움에 시달리고 있다는 사실을 인식하고, 2 그 괴로움은 사람들의 탐욕貪欲, 성냄瞋恚 및 어리석음愚癡으로 인하여 일어난 것인데, 3 그러한 괴로움은 벗어날 수 있는 것이고, 4 괴로움으로부터 벗어나는 길은 여덟 가지 바른 길, 곧 팔정도八正道 : eight right paths라는 것이다.

이 사성제는 크게 두 부분으로 나누어 볼 수 있다. 곧, 괴로움의 생김과 괴로움의 사라짐에 관한 것이다. 괴로움의 진리苦聖諦와 괴로움의 모임의 진리苦集聖諦는 괴로움이 있다는 인식과 그 괴로움이 생긴 원인을 살피는 내용이다. 그에 대하여, 괴로움의 사라짐의 진리苦滅聖諦와 괴로움이 사라지는 길의 진리苦滅道聖諦는 괴로움의 사라짐에 관한 것으로, 괴로움은 치유할 수 있다는 확신과 괴로움을 치유하는 길에 관한 내용이다.

이 가운데 괴로움에서 벗어남과 직결되는 것은 괴로움의 사라짐과 괴로움이 사라지는 길에 관한 가르침이다. 먼저, 괴로움의 사라짐의 거룩한 진리는 앞에서도 본 바와 같이 인간이 지니고 있는 괴로움은 없앨 수 있다는 진리를 천명한 것이다. 병원에 찾아간 환자의 병을 진단한 결과 치료할 수 있다고 판단되는 경우이어야 입원도 시키고 치료를 할 수 있는 것과 같은 이치이다. 만일 사람은 괴로움에서 벗어날 수 없는 숙명을 타고났다고 한다면, 허무주의nihilism나 염세주의pessimism에 빠질 위험도 배제하기 어렵고, 그러한 인간으로 태어난 것을 원망하기도 할 것이다. 그리스도교에서 말하는 원죄原罪 : original sin를 떠올리게 하는 대목이다. 그러나 사람이 직면하고 있는 괴로움은 없앨 수 있다니 얼마나 고무적이고 희망적인 일인가?

붓다께서 괴로움을 말씀하신 것은 괴로움 자체를 가르치려는 것이 아니라, 우리는 괴로움에서 벗어나 영원한 행복의 길, 곧 해탈을 추구할 수 있다는 점을 가르치려 한 것이고, 그것이 곧 괴로움의 사라짐의 거룩한 진리인 것이다. 무릇, 원인이 있고 그 원인으로 생긴 것은 고칠 수 있다는 것은 불변의 진리이다. 우리가 경험하는 괴로움은 아무 원인도 없이 자연히 생긴 것이 아니고, 우리 스스로가 만든 원인으로 말미암은 것이어서, 그로부터 벗어나는 길이 없을 수 없다. 그러니, 우리를 괴로움으로 끌어들인 원인만 없앤다면 그 바탕을 잃은 괴로움은 스스로 사라지지 않을 수 없다.

제2. 괴로움을 없애는 길

괴로움이 사라지는 길은 앞에서 본 괴로움의 사라짐의 거룩한 진리를 실현하는 방법이 주된 내용이 된다. 괴로움이 사라지는 길의 거룩한 진리, 곧 고멸도성제苦滅道聖諦는 우리가 가야할 길을 구체적으로 제시한 것이지, 계명誡命 : commandment이나 규범이 아니고 괴로움을 벗어나 대자유의 세계에 들기 위한 지침guideline인 것이다. 붓다께서는 앞의 고멸도성제에 더하여 마땅히 끊어야 할 다섯 가지 덮개五蓋를 말씀하셨음을 상기想起할 필요가 있다.

사람이 괴로움에서 벗어나는 길은 기도나 종교적 의식 또는 공물供物의 많고 적음에 있는 것이 아니라, 붓다께서 제시하여 주신 길을 스스로 실천하는 데 있다. 자기의 괴로움은 자기만이 고칠 수 있는 것이고, 다른 누구도 대신하여 고쳐주거나 구원해 줄 수 없다. 아무리 명의名醫라 해도 환자가 먹어야 할 약을 대신 먹어줄 수는 없다. 의사는 환자에게 좋은 약을 처방하여 먹게 할 수 있을 뿐이고, 약은 환자가 스스로 먹어야 병을 치유할 수 있는 것과 같은 이치이다.

1. 여덟 가지 바른 길

괴로움을 사라지게 하는 길의 요체要諦인 여덟 가지 바른 길, 곧 팔정도八正道 : eight right paths는 바른 소견正見, 바른 생각正思惟, 바른 말正語, 바른 행위正業, 바른 생활正命, 바른 정진正精進, 바른 마음챙김正念 및 바른 선정正定의 여덟 가지를 가리킨다. 이들 여덟 가지는 외우는暗誦 대상이 아니라 실천할 덕목德目이다. 각자가 일상생활을 통해서 스스로 가야 할 길이다. 이러한 여덟 가지의 길, 곧 팔정도를 스스로 실천하고 생활화하다 보면 자기도 모르는 사이에 괴로움은 봄기운에 눈이 녹아내리듯 사라지고, 마음이 편안해짐으로써 행복한 나날을 즐겁게 느끼게 될 것이다.

위에서 소개한 여덟 가지 바른 길은 붓다께서 성불하신 뒤 처음으로 옛 도반이었던 다섯 비구들에게 초전법륜初轉法輪을 통하여 가르침을 펴신 이래로 반열반에 드시기 직전의 마지막 설법에 이르기까지 가장 많이 설하신 내용으로 기본적인 수행방법임은 물론, 오늘날과 같은 번잡한 사회에서 바르게 살아가기 위한 지침이 되는 귀중한 가르침이라고 할 수 있다. 여덟 가지 바른 길은 가능하면 그 모든 내용을 동시적으로 익히고 실행에 옮겨야 한다. 왜냐하면, 여덟 가지 바른 길의 내용은 모두 서로 연관되어 있을 뿐만 아니라, 각 덕목은 서로 서로 실행을 돕는 입장에 있기 때문이다. 그런데, 이들 여덟 가지 길, 곧 팔정도는 크게 세 부분으로 나눌 수 있다. 곧, 윤리적倫理的 요구, 지혜적智慧的 요구 및 의지적意志的 요구가 곧 그것이다. 바른 말正語, 바른 행위正業 및 바른 생활正命은 다분히 윤리적 규범으로서의 의미가 강하다. 그에 대하여, 바른 소견正見, 바른 생각正思惟 및 바른 마음챙김正念은 지혜의 범주에 속하는 것들이다. 거기에 더하여, 바른 정진正精進과 바른 선정正定은 의지적인 측면이 강하다. 그러나 앞에서도 말한 바와 같이 이들 여덟 가지 바른 길의 내용은 그 직접 성격에 관계없이 서로 연관되어 전체로서 하나의 목표, 곧 괴로움에서 벗어난다는 목표로 이끌어주는 구실을 하는 것이다. 다만, 위에서 본 윤리적 요구부분은 그 바로 뒤의 지혜적 요구에 보다 밀접하게 연관되고, 지혜적 요구는 의지적 요구에 보다 직접 관계된다고 할 수 있다. 그러므로 이들 여덟 가지 길을 실행함에 있어서는 이러한 순차적 관계에 대한 이해가 도움이 될 것이다.

이제 여덟 가지 바른 길의 내용을 하나하나 간단히 살펴보기로 한다.

1) 바른 소견

바른 소견正見 : right view을 한 마디로 말하자면 올바르고 건전한 견해라고 할 수 있지만, 그것은 매우 깊은 뜻을 안고 있는 개념이다. 여기에서 바른 소견이란 곧 아상我相, 곧 '나' 라는 관념을 떠난 생각으로서, 모든 존재에 대한 자비심과 생명을 아끼고 기르는 마음을 바탕에 깔고, 실상實相을 있는 그대로 볼 수 있는 마음의 상태를 가리킨다고 할 수 있다. 우리가 갖는 견해는 사물에 대한 인식에서 우러나는 것이 보통인데, 사람들은 있는 그대로를 바르게 인식하지 못하고 자기의 의식 속에 담긴 관념을 바탕으로 나름대로의 인식을 하기 때문에 그 인식은 허망하기 짝이 없는 것이 보통이다. 열 사람이 앉아 하늘에 뜬 구름을 함께 보더라도 그들이 느끼는 것은 제각기 다르기 마련이다. 그렇기 때문에, 붓다께서는 늘 허망한 인식에 희롱당하지 말라고 강하게 이르신 것이다. 붓다께서는 우리의 인식은 대부분 잘못된 것이고, 우리의 괴로움은 잘못된 인식에서 비롯된 것으로 보신 것이다.

사람들은 눈, 코, 귀와 같은 감각기관을 통해서 바깥 경계와 접촉함으로써 그 존재를 인식함에 있어서 언제나 자기가 배운 지식, 경험, 취향 등을 기준으로 각색脚色된 상태의 것을 인식하기 때문에, 그것은 사물을 있는 그대로 보는 것이 아니라 '나' 라는 거울을 통해서 보고 생각한다. 사실, 우리가 무엇을 본다는 것은 그 대상 자체를 직접적으로 볼 수 있는 것이 아니고, 어떤 물체에서 반사되어 온 빛, 곧 광자光子 : photon가 눈의 망막에 와 닿음으로써 그것이 시신경을 통하여 뇌에 전달됨으로써 수 백 개의 뇌신경이 만들어낸 영상影像인 것이다. 그렇기 때문에, 같은 장미꽃을 놓고도 어떤 사람은 붉은 장미를 선호하고, 어떤 사람은 노란 장미가 제격이라고 하는가 하면, 다른 사람은 흰 장미야말로 청초

하고 장미다운 것이라고 주장한다. 어디 그뿐인가? 아무 말 없이 거리를 지나는 한 젊은 여성을 보고 어떤 사람은 퍽 잘 생겼다고 하는가 하면, 옆 사람은 얼굴이 길어서 밉게 보인다고 하고, 또 한 사람은 별 흥미를 느끼지 않는 것처럼 '그저 그렇다' 고 보아 넘긴다. 이러한 일들은 모두 우리의 생각은 나름대로의 분별을 수반하는 것임을 잘 보이는 예이고, 우리의 인식이 얼마나 자의적恣意的이고 편견偏見에 싸인 허망한 것인지를 보이는 것이다. 괴로움이나 행복에 대한 소견도 마찬가지이다. 사람들은 괴로움은 마치 자기 혼자만 당하고 있는 것으로 생각하여 깊은 고민에 빠지는가 하면, 행복의 척도도 사람마다 다르다. 바른 소견을 갖는다는 것이 얼마나 중요한 것인지, 또 그것이 얼마나 어려운 일인지를 실감하게 한다.

상대적으로 볼 때, 바른 소견과 바르지 않은 소견의 두 가지가 있을 수 있다. 그러나 보다 깊고 엄격히 본다면 모든 소견은 바르지 않다. 생각이 없는 것만이 진리의 세계인 것이다. 그러나 생각이 없다는 생각도 또한 생각임에는 틀림이 없다. 우리가 소견을 말할 때, 흔히 관점觀點 : point of view이라는 말을 잘 쓰는 것도 그렇게 본 점點에서의 말이라는 뜻이고, 그 보는 점이 바뀌면 소견도 달라지기 마련임을 암시하는 것이다. 그림을 그려도 백지에 그려야 제대로 그림이 되는 것처럼, 우리의 소견도 무념無念을 전제로 해야 한다. 금강경에서 "모든 관념을 떠난 이를 부처라 한다"離一切諸相 則名諸佛라고 한 것도 바른 소견을 갖기 위해서는 모든 상相을 버리고 있는 그대로 바로 보아야 하는 것임을 말한 것이라고 할 수 있다. 우리가 잘 아는 성철 스님께서 남기신 "산은 산이고 물은 물이다."山是山 水是水라는 말도 같은 취지의 것이라고 할 수 있다.

바른 소견은 수행을 통해서 익혀야 한다. 아니, 익힌다는 것보다도 찾아내야 한다. 우리는 누구나 바른 소견의 씨앗을 간직하고 있다. 흔히 불성佛性이라고 말하는 것이 그것이다. 바른 소견의 씨앗이 삼독, 곧 어리석음, 탐욕 및 성냄에 가려 보이지 않을 뿐이다. 마치 구름에 가린 태양과 같다. 바른 소견의 씨앗을 감싸 그 씨앗이 싹을 틔우지 못하게 하는 장애물만 제거하면 되는 데, 그 일이 그처럼 힘든 과정이다. 그래서 확신을 가지고 바르게 정진正精進할 것을 요구한 것이다.

2) 바른 생각

바른 생각이란 모든 사상事象을 각색하지 않고 있는 그대로 바로 보고 생각하는 것을 말한다. 우리는 앞에서 본 바른 소견을 갖기 위해서 바른 생각을 필요로 한다. 바꾸어 말하면, 소견所見은 그에 이르기 위해서 사유, 곧 생각을 해야 하기 때문에, 생각을 바르게 하기 위한 수련은 곧 바른 소견을 갖는 데 없을 수 없는 요소임과 동시에, 바른 소견을 갖고 사유思惟를 하면 자연히 바른 생각에 이르게 한다. 결국, 바른 소견과 바른 생각은 서로 보완관계補完關係에 있는 것임을 알 수 있다. 그 뿐만 아니라, 생각은 행동을 유발誘發하는 것이 보통이기 때문에, 바른 생각은 뒤에서 볼 바른 행위를 위해서도 불가피한 것이다.

생각 또는 사유는 소견을 구성하는 과정적인 경우가 많다. 그런데, 과정은 단순히 과정에 그치는 것이 아니라, 그 과정을 거쳐 이루어지는 결과에 직접 영향을 마치게 된다. 그렇기 때문에, 과정의 중요성을 강조하는 것이다. 생각은 그 대상인 일이나 존재에 대한 인식을 수반하는데, 존재에 대하여 바르게 인식한다는 것이 여간 어려운 일이 아니다. 우리는 종종 어떤 한 가지 생각을 하면서 몸은 다른 일을 하고 있다거나, 무엇인가를 보되 기존의 관념을 통해서 분별하여 보는 것이 예사이다. 그 결과는 당연히 옳지 않은 생각이 자리를 잡고, 바르지 않은 소견으로 이어지게 된다.

데카르트Rene Descartes는 "나는 생각한다. 그러므로 나는 존재한다"라고 말했지만, 그것은 인간은 사색思索이라는 과정을 통해서 우리의 존재를 입증할 수 있다는 것이다. 그러나 실은 무관심한 일상적인 생각이 우리를 좀먹고 있다는 것을 알아야 한다. 마음과 몸이 하나로 되지 않는 한, 우리는 혼동 속에서 방황하고, 결국 참으로 있다고 보기 어려운 것이다. 바른 생각은 몸과 마음이 하나 되어 현재 이 순간을 제대로 인식할 때에 싹이 트는 것이다. 우리의 현실은 그와 거리가 먼 경우가 많다. 통계에 의하면 우리가 일상적으로 하고 있는 생각의 약 70%는 지나간 과거에 관한 것이고, 약 20%는 아직 오지 않은 미래에 관한 것이며, 약 10%정도만이 현재 이 순간의 생각이라고 한다. 우리가 필요 없는 생각을 얼마나 많이 하고 있는지를 극명하게 보여주는 것이다. 과거의 일은 이미 지나간 옛 일로서 돌이킬 수 없는 것이고, 미래의 일은 아직 오지도 않은 추상적이고도 불확실한 것이며, 오직 현재 이 순간이 있을 뿐이고, 생각의 대상으로 삼을 만한 것도 바로 현재의 것이다.

바른 생각으로 이끄는 수행방법으로 틱낫한은 다음의 네 가지를 제시한다.[33] 첫째로 '틀림 없는가?' 를 되짚어 확인해 바로 보라고 한다. 어두운 밤에 길에 놓인 새끼줄을 뱀으로 생각하고 놀라는 어리석음을 범하지 말라는 것이다. 잘못된 인식은 잘못된 생각을 낳는다.

둘째, '내가 무엇을 하고 있는가?' 를 제대로 확인하라고 한다. 이 물음은 과거에 대한 집착이나 미래에 대한 망상을 버리고 바로 현재로 돌아와 생각할 수 있도록 한다는 것이다. 현재 이 순간의 자기와 자기의 행동을 바로 보는 것은 탐욕과 성냄을 버리게 하는 지름길이 된다. 자기

33) Thich Nhat Hanh, The Heart of the Buddha' s Teaching, 1998, pp. 60, 61.

의 현재를 바로 보면 쓸 데 없는 욕심이나 남을 욕하고 화내는 일에서 쉽게 벗어날 수 있기 때문이다.

셋째, '습관으로부터 해방' 되라고 한다. 우리는 사는 과정에서 자기도 모르는 사이에 여러 습관이 쌓이고, 그 습관은 언제나 우리의 생각과 행동을 구속한다. 우리의 행동은 우리의 생각에 의존하고, 우리의 생각은 습관의 지배를 받는 것이 보통이다. 그래서 습관은 우리를 바르지 않은 생각으로 이끌게 되는 것이다. 그래서 습習이 무섭다고 하는 것이다.

마지막으로 '보리심菩提心' 을 기르라고 한다. 모든 중생의 행복을 바라고 그것을 행동으로 옮기면 자기도 모르는 사이에 스스로 행복해진다는 것이다. 보리심을 기르면 그에 대치되는 나쁜 생각은 스스로 사라지고, 바른 생각의 바탕이 마련된다는 뜻이다.

3) 바른 말

바른 말正語 : right speech이란 친절하고 개방적이며 진실한 말을 가리킨다. 사실, 사람은 말을 하지 않고는 하루도 지내기 어렵다. 사람은 사회적 동물이라고 하지만, 그것은 사람이 다른 사람과 서로 어울려 산다는 뜻이다. 그런데, 다른 사람과 어울려 살기 위해서는 서로의 의사를 전달하는 수단으로서의 말을 하지 않을 수 없다. 말은 사람의 생각을 전달하는 수단이다. 그렇기 때문에, 앞에서 본 바른 생각은 바른 말의 바탕이 되는 것이다. 흔히 말을 마음의 거울이라고 하는 것은 말을 통해서 그 사람의 생각을 알 수 있기 때문이다. 그러므로 바른 말을 하기 위해서는 바른 생각이 전제되는 것임을 알아야 한다.

바른 말이란 기본적으로는 입으로 짓는 네 가지 행을 바르게 하는 것으로, 그것은 불교에서 강조하는 열 가지 선업十善業 가운데 네 가지이다. 거짓말妄語, 이간질하는 말兩舌, 꾸밈말綺語, 나쁜 말惡語은 모두 그러한 말을 하는 본인에게는 악업惡業으로 작용하지만, 그에 그치지 않고 그 말의 상대방이나 그러한 말을 듣는 사람을 불쾌하게 하고, 그 결과 괴로움에 빠트리는 것이 보통이다. '말이 비수匕首를 품는다.' 는 속담도 있지만, 말은 능히 사람을 죽일 수 있는 위력을 가질 수 있음을 알아야 한다. 언젠가 어떤 대통령의 사려 깊지 못한 말 한마디로 그 말의 상대방이 자살하는 비극이 있었음을 아직도 기억한다.

바른 말의 범주에는 적극적으로 말을 하는 것뿐만 아니라, 남의 말을 듣는 것도 포함된다. 남이 말을 하는 경우에는 성실하게 듣고, 바르게 반응할 줄 알아야 한다. 일방적으로 자기말만 하고 남의 말을 들을 줄 모르면, 그것은 말의 상호교환성相互交換性을 어기는 것이 되어 상대방에게 괴로움을 주는 일이다. 그러므로 말은 바르게 해야 하는 것 못지않게 성실하게 들을 줄 알아야 하는 것이며, 그러한 의미에서 말은 서로의 생각을 소통하는 매체라고 할 수 있다. 우리는 흔히 의사소통이 잘 안 되는 경우, '대화가 단절되었다' 고 말하는 것도 바로 그 까닭이라고 할 수 있다.

바른 말과의 관계에서 볼 때, 현대사회는 많은 문제를 안고 있다고 할 수 있다. 통신기술communication technology의 발달은 때도 없이 각종 뉴스를 지구의 반대편까지 보내고 있지만, 개인 사이의 대화는 오히려 어려워지고 있는 실정이다. 그뿐만 아니라, 전파를 타고 온 지구로 퍼져나가는 뉴스는 공익公益이라는 너울을 쓰고 개인에게 괴로움을 주는 예가 적지 않음을 우리는 잘 안다. 오늘날 보는 바와 같은 통신기술은 상상조차 할 수 없고, 문자의 사용이 생활화되지 않았던 2, 3000년 전만해도 사람들 사이의 의사전달은 주로 입을 통해서 이루어졌다. 그렇기 때문에, 바른 말은 앞에서 설명한 바와 같이 입의 행行을 가리켰던 것이 사실이다. 그러나 붓다께서 여덟 가지 바른 길의 하나로 바른 말을 가르치신 기본 뜻에 비추어 볼 때, 통신기술이 발달되고 문자의 사용이 생활화된 오늘날에는 말의 범주는 당연히 확대되어, 모든 의사전달 수단을 포용하는 것으로 보아야 한다.

직접 얼굴을 마주보고는 하지 못할 말도, 전화나 문자로는 서슴없이

할 수 있는 것이 사람의 심성心性이다. 그러니, 전화나 문자에 의한 의사전달은 물론, 매스컴에 의한 경우는 입으로 하는 대화의 경우보다 더 신중하게 생각해야 한다. 그래서 말이나 글쓰기의 수련이 필요하다는 것이다. 서로 얼굴을 맞대고 하는 말은 뜻을 보다 쉽게 전달할 수 있다. 말하는 사람의 얼굴과 눈에 그 말의 참뜻이 묻어나기 때문이다. 그래서 대화가 필요하다고 하는 것이고, 진심어린 대화야말로 사람 사이의 관계를 조화롭게 풀어줄 수 있는 효과적인 매체인 것이다. 가정에서, 학교에서, 직장에서 진정한 대화의 기회가 줄어가니 사회가 삭막해질 수밖에 없다. 더욱이 요새 너나없이 들고 있는 스마트폰smart-phone을 통한 갖가지 의사표시는 삽시간에 지구 반대편까지 전파력을 가지는 것이어서, 그것을 통한 의사전달의 파급효과는 실로 상상을 초월하는 것이다. 심심하지 않게 언론매체에 보도되는 일이지만, 이른바 SNS를 통한 특정인의 사생활이나 인격에 관한 무분별한 채팅chating으로 상대방을 우울증에 빠트리거나 심한 경우 자살까지 이르게 하는 예가 있음을 우리는 이미 경험하고 있는 일이다. 대중大衆을 상대로 하는 의사표시의 중요성을 일깨워주는 사례라고 할 수 있다.

4) 바른 행위

바른 행위正業 : right action는 몸으로 하는 행위로, 근본적으로 우리 생활의 모든 영역에서 요구되는 바른 행위를 말한다. 그것을 일반적으로 말하면 도덕적이고 평화로우며 훌륭한 행동을 뜻하는 것이며, 남의 생명을 빼앗거나, 물건을 훔치거나, 부정한 거래를 하거나, 적절하지 않은 이성관계異性關係를 맺는 것과 같은 행위를 삼감과 동시에, 남을 존중하고 남을 돕는 일을 장려하는 행위라고 할 수 있다. 바른 행위를 정 '업' 正業' 이라고 하는 것은 '업' 이 행위를 뜻하는 것이기 때문이다.

사람의 생각을 밖으로 표출하는 형태는 입을 통한 말과 몸을 통한 행동이다. 여기에서 바른 행위는 바로 몸의 동작을 통해서 표출된 생각이다. 아무 생각도 없이 마음과 동떨어져 몸만으로 이루어지는 행위란 무조건 반사unconditioned reflex와 같은 예외적인 경우 외에는 없는 것이 원칙이다. 그렇기 때문에 바른 행위는 항상 앞에서 본 바른 생각과 바른 소견을 바탕에 깔고 있다.

바른 행위는 몸으로 살생殺生, 도둑질偷盜 및 음탕한 생활邪淫[34]을 하지 않는 것을 가리키는 것이라고 설명하는데, 위에서 본 가르침을 종합해 본다면, 바른 행위는 십선十善, 곧 열 가지 선행善行 가운데 몸으로 하는 세 가지, 곧 불살생不殺生, 불투도不偷盜 및 불사음不邪淫을 비롯하여 도박을 하거나 마약을 쓰는 등 몸으로 하는 삿된 행위를 멀리하는 것을

34) 여기에서 '삿된 생활' 이란 삿된 성적 생활을 가리키는 것으로 본다.

가리킨다고 하겠다. 바른 행위는 자기가 직접 그러한 행위를 하는 것에 그치지 않고, 남도 바른 행위를 하도록 적극적으로 권하고 도울 필요가 있을 뿐만 아니라, 간접적으로 바르지 않은 행위를 하는 것도 멀리해야 한다. 오늘날 보는 바와 같은 조직화 되고 전문화된 사회에서는 올바르지 않은 행위는 자기가 직접 하지 않고도 얼마든지 간접적인 방법을 통해서 목적을 달성할 수 있다. 남을 시켜 살인을 한다거나, 부하로 하여금 남의 물건을 훔쳐오게 하거나, 많은 사람을 살상하고 파괴하는 행위를 지원支援하는 것 등은 그 예이다. 그러므로 바르지 않은 행위로부터 벗어난다는 것은 스스로 그러한 삿된 행위를 하지 않을 뿐만 아니라, 남을 시키거나 남이 하는 바르지 않은 행위를 돕는 것도 포함되는 것임을 알아야 한다.

사실, 우리는 매일 매일의 삶을 이어가는 과정에서 의식적이든 무의식적이든 많은 것을 죽이고 없애며 파괴하고 있다. 식탁에 고기를 올리기 위해서 수많은 동물이 죽어가고 있음은 물론, 어업기술과 기구의 발달로 연안어족沿岸魚族을 싹쓸이하듯 하고, 개발이라는 미명美名 아래 수려한 산하山河를 마구 파헤치며 헐어내고 있으니 말이다. 이런 행위가 자기의 소행所行이 아니라고 해서 무관심하게 방관만 할 일이 아니다. 고기를 비롯한 음식의 양을 줄이고, 자연훼손을 억제하도록 노력하는 것은 바른 행위로 이끄는 첩경이라고 할 수 있다.

5) 바른 생활

바른 생활正命 : right livelihood이란 한 마디로 남에게 해로움을 줄 위험이 있는 일로 생업生業을 삼지 않는 것을 말한다. 그러므로 바른 생활은 앞에서 본 바른 행위와 연관되는 덕목이라고 할 수 있다. 바른 행위는 자연스럽게 바른 생활로 이어지기 때문이다. 우리 각자의 삶의 모습은 그의 마음을 가장 잘 반영한다. 그래서 사람은 그의 삶의 모습을 보면 그 마음을 알 수 있다고 하는 것이다. 이기적이고 탐욕스런 생각을 갖는 사람은 주변은 아랑곳하지 않고 자기만의 호화스런 생활을 즐기면서 먹는 것을 가리지 않는다. 몸에 좋다면 개거나 뱀이거나 지렁이거나 할 것 없이 마구 먹어대고, 돈이 되는 일이라면 수단과 업종을 가리지 않고 달라붙는다. 그런 사람일수록 욕심이 욕심을 낳아 늘 불만스럽고 깊은 괴로움의 늪에서 헤어나지 못한다.

바른 생활은 우리 생활의 모든 영역에 있어 소욕지족少欲知足, 곧 욕심을 줄이고 만족할 줄 알며, 자비심을 길러 남을 돕고 해치지 않는 생활을 할 것을 요구한다. 물론, 엄격히 본다면 우리의 삶 자체가 직접 간접으로 다른 것을 해치고 있는 것이 사실이다. 우선, 사람이 살기 위해서 먹는 음식에는 다른 생명과 관계되는 것이 많다. 그뿐만 아니라, 생계를 유지하기 위해서 종사하는 직업에는 사람을 살상하는 무기나 탄약을 개발하고 제조하는 일, 동물을 살생하는 도축업, 마약을 제조하고 판매하거나 인신매매를 업으로 하는 범죄집단, 남을 속여 이익을 취하는 일 등 헤아릴 수 없이 많은 일들이 바른 생활과는 거리가 먼 것들이다. 그렇다고, 일의 내용이나 성질을 가려 올바른 일에만 종사한다는 것은 현실적으로 매우 어려운 일이다. 세속의 법에 어긋나는 직업에 종사하는 것은 그 자체가 범죄를 구성하는 것이지만, 그렇지 않은 적법適法한 직업의 경우는 그 일에 종사하는 자세와 마음가짐이 중요하다고 하겠다. 곧, 무기공장이나 도축장에서 일을 함으로써 생계를 유지하되, 자비심을 기르고 항상 이타적인 행위를 함으로써 자기가 저질은 행위에 대한 보상報償을 마음속에서나마 모색할 일이다.

6) 바른 정진

오늘날 바른 정진이라 불리는 것은 붓다의 재세당시인 초기불교에서는 바른 방편正方便 : right effort이라고 불렸다. 그것이 뒤에 바른 정진正精進으로 불리게 되어 오늘날은 바른 정진으로 부르는 것이 일반적이다. 원래, 방편方便 : upaya이란 적절한 방법을 가리킨다. 그래서 법화경法華經의 서품序品에서는 방편이 완성되고 지견知見이 완성되는 것이 부처의 경지라고 규정하고 있으며, 화엄경華嚴經 십지품十地品에서도 십바라밀十波羅蜜 속에 원願바라밀과 함께 방편바라밀이라는 덕목까지 설정하고 있음을 알 수 있다. 바른 방편이라고 하던 바른 정진이라고 하던, 내용적으로 보면 대동소이大同小異한 것이기 때문에, 여기에서는 오늘날 보통

이해하고 있는 바른 정진으로 설명하기로 한다. 바른 정진은 여덟 가지 바른 길의 실행을 이끌어가기 위해서 효과적인 방법을 강구하여 꾸준히 노력하는 정력을 말한다고 할 수 있다.

아무리 좋은 가르침이 있고, 또 그 가르침을 받아 실행하려고 하더라도, 그것을 반드시 실현시키고야 말겠다는 굳은 의지력이 없으면 중도에 좌절하거나 시간만 낭비하고 아무런 효과도 거두지 못한다. 그 뿐만 아니라, 좋은 가르침을 좇으려 하는 경우에도 그것을 실행하는 과정에는 적지 않은 장애가 앞을 가리는 예를 볼 수 있다. 그렇기 때문에, 해롭고 건전하지 않은 생각이 생겨나는 것을 막고, 만일 좋지 않은 생각이 이미 생긴 경우에는 그것을 제거하기 위해서 노력하며, 건전하고 유익한 생각을 하도록 노력하고, 이미 바른 생각이 생긴 경우에는 그것을 오래 간직하도록 힘써야 함은 다시 말할 나위가 없는 일이다.

네 가지 거룩한 진리와 여덟 가지 바른 길의 가르침을 실현하기 위해서는 꾸준한 바른 정진을 해야 하는데, 그러한 정진은 네 가지 거룩한 진리와 여덟 가지 바른 길에 대한 굳은 믿음을 전제로 한다. 네 가지 거룩한 진리와 여덟 가지 바른 길이야말로 우리가 괴로움에서 참으로 벗어날 수 있는 길이라는 확신을 가져야 한다는 것이다. 화엄경에서 "믿음은 도의 근원이요, 공덕의 어머니이다"信爲道元功德母라고 했지만, 참으로 맞는 말이다. 네 가지 거룩한 진리와 여덟 가지 바른 길은 붓다께서 괴로움에 허덕이고 있는 사람들을 그 괴로움에서 벗어나게 하기 위해서 설하신 가르침의 진수眞髓라는 확신을 갖지 못하고, 이 사람이 이렇게 말하면 그 말이 옳은 것 같고, 저 사람이 저렇게 말하면 또 그것이 옳은 것 같아 여기 저기 기웃거리며 방황하면 귀중한 시간을 낭비할 뿐 얻어지는 것은 하나도 없기 마련이다. 그러기에 바른 정진은 확신이라는 바탕위에서만 이루어질 수 있다고 하는 것이다. 또, 바른 정진은 조급함을 버리고 꾸준히 지속해야 한다. 조금 노력해 보아도 눈에 보이는 성과가 없으면 의심하고 중단해서는 처음부터 시작하지 않음만 못하다. 네 가지 거룩한 진리를 깊이 이해하고 여덟 가지 바른 길을 열심히 실행한다고 해서 눈에 보이는 무엇이 새로 생기는 것이 아니고, 겉으로 무엇이 달라지는 것도 아니다. 바른 정진의 결과 마음이 안정되고 사물을 바로 보아 차츰 괴로움에서 멀어질 뿐이다.

바른 정진은 바른 소견과 바른 사유를 바탕으로 네 가지 거룩한 진리에 대한 올바른 이해와 함께 해야 하는 것이지, 맹목적으로 가부좌結跏趺坐만 틀고 앉아 시간만 보낸다고 되는 것이 아니다. 전해 오는 당나라 때의 이야기이다. 밥만 먹으면 선방에 들어가 가부좌를 틀고 앉아 묵언默言으로 날을 새는 한 젊은 비구가 있었다. 그는 자기가 누구보다도 치열하게 정진하고 있음을 마음속으로 자부하면서 그날도 다른 날과 같이 눈을 내려 깔고 결가부좌하고 있었다. 그 절의 노스님이 들어와 그의 모습을 보고 그에게 물었다. "너는 왜 그처럼 힘들게 앉아 있느냐?" 그러자 그 젊은 비구는 대답하기를 "부처가 되려는 것입니다."라고 하였다. 그 대답을 들은 노스님은 밖에 나가 기왓장을 하나 들고 들어와 문지르기 시작하였다. 그 꼴을 보던 젊은 비구는 의아하여 "스승님! 지금 무엇 하시는 것입니까?"라고 물었다. 노스님은 "나는 거울을 만들고 있다."고 대답하였다. 그 소리를 들은 젊은 비구는 비웃듯이 말하기를 "스승님은 어떻게 기왓장으로 거울을 만든다고 하십니까?"라고 하자, 노스님은 조용히 대답하였다: "너는 그렇게 멍청하게 앉아 있기만 하면서 부처가 된다는 것인가?"

7) 바른 마음챙김

바른 마음챙김正念 : right mindfulness[35)]이란 쉽게 흐트러지지 않도록 주의 깊게 집중된 마음으로 깊이 관찰하는 것을 말한다. 그런 뜻에서 흔히 관觀이라고도 한다. 다시 말하면, 몸의 움직임, 여러 가지 느낌 및 마음

35) 팔정도의 하나인 전념正念과도 관련되지만, 특히 초기경전상의 'sati' 와의 관계에서 '마음챙김' 이나 'mindfulness' 라는 번역어를 둘러싸고 2009년 가을부터 학계와 승가에서 논란이 많다. 그러나 저자가 볼 때, 어차피 번역어는 번역어라는 한계를 벗어날 수 없는 것이어서, 본래의 말에 담긴 뜻을 얼마나 잘 전달할 수 있는 것인지의 상대적 문제일 뿐만 아니라, 말이라는 것이 본래 의사전달을 위한 수단에 불과한 것이지, 말 그 자체가 그것으로 표현되는 그 무엇이 아니다. 그런 뜻에서 저자는 마음챙김과 mindfulness를 그대로 쓰기로 한다.

과 몸 등에 관해서 성실하고 주의 깊게 관찰하여 알아차리는 것을 말한다. 그런데, 오늘날과 같이 주의를 분산시키기 쉽고, 혼란스런 상태에 둘러싸여 생활하고 있는 사람들의 입장에서는 매순간 올바로 마음을 챙긴다는 것이 여간 어려운 일이 아니다. 현대인들은 끊임없이 흘러나오는 뉴스, 알기조차 힘들게 많은 광고, 각종 오락과 스포츠, 때와 장소를 가리지 않고 울리는 휴대전화 소리 등으로 자기가 진정으로 무엇을 하고 있는지조차 알기 어려운 상태가 되고 있다. 특히 급속도로 발달되고 있는 인터넷internet이라던가 스마트 폰smart phone의 등장으로 우리는 기구器具를 쓴다기보다는 오히려 각종 기구에 쓰임을 당하고 있다고 해도 과언이 아닐 정도이니, 매순간 집중하여 그 순간의 상태를 그대로 들여다본다는 것이 여간 어려운 일이 아니다.

붓다께서 펴신 여덟 가지 바른 길의 가르침 가운데 핵심이라고 할 수 있는 것이 바른 마음챙김이라고 할 수 있다. 우리는 항상 무엇인가에 대해서 주의를 기울이고 있지만, 어떤 것은 현재의 순간에 머물러 있는가 하면, 어떤 것은 현재와는 동떨어진 곳을 헤매고 있는 경우도 있다. 바른 마음챙김은 현재의 바로 이 순간을 분별없이 또 반응하지 않고 살펴보는 것이다. 그렇기 때문에, 바른 마음챙김을 위해서는 계속해서 순간순간 마다의 상태를 깊이 관찰해야 한다. 엄격히 말할 때, 마음챙김을 뜻하는 'sati'란 바로 이 순간의 마음을 관찰하는 것이다.

근래에 좌선坐禪과의 관계에서 비파샤나vipashyana 방법이 자주 입에 오르내리지만, 비파샤나라는 것은 깊이 챙겨 관찰한다는 뜻이다. 만일, 사람이 무엇인가를 뚫어지게 깊이 새겨보면 그 겉모습 너머를 볼 수 있고, 그곳은 바로 본령本領이 되는 것이다. 우리가 수박을 그냥 쳐다보면 녹색바탕에 거무스름한 줄무늬가 가 있는 둥근 것으로 보이지만, 그것을 좀 더 깊이 파고 들어가 챙겨본다면 붉은 속에 검은 씨가 총총히 박혀 있음을 알 수 있다. 그처럼, 정신을 가다듬어 매순간의 마음이나 상태를 깊이 관찰하여 챙겨보는 것이 바른 마음챙김인 것이다.

붓다께서는 바른 마음챙김을 위해서는 사념처四念處, 곧 네 가지 생각하는 곳을 바로 보아 제대로 관찰하여 방일하지 않음으로써 바른 소견과 바른 생각으로 마음을 고요히 머물도록 하라고 강조하셨다. 사념처의 네 곳은 몸身, 느낌受, 마음心과 법法이다. 이 네 가지 생각하는 곳은 바로 사람이라는 존재가 머무는 바탕이다. 따라서 이 네 곳을 뚫어지게 관찰하여 그 참모습을 알아야 하고, 그것을 알면 우리는 괴로움에서 멀리 벗어날 수 있다는 것이다. 사실 사람들의 근심이나 괴로움은 사람이 사물의 실상을 제대로 보지 못하는 데에서 오는 것이 보통이다. 곧, 우리는 사물의 겉모습만 볼 뿐, 겉모습 너머에 있는 본질을 보지 못한다. 모든 것은 본래부터 그 자체의 고유한 실체가 있는 것이 아니어서 생겨난 것은 반듯이 변하고 사라지는 것이라는 본질을 모르기 때문에 늙고,

병들고, 죽는데 대해서 괴로워하는 것이다. 만일 우리가 사물에 대해서 깊이 관찰한다면, 우리는 어리석음에서 벗어나고 두려움과 불안을 극복할 수 있다. 바른 마음챙김正念을 강조하는 이유도 여기에 있다.

8) 바른 선정

바른 선정正定 : right contemplation은 한 곳에 집중된 고요한 마음의 상태를 말한다. 사람의 일상적인 생각이란 물거품 같은 것이어서, 생겨났는가 하면 사라지고, 사라졌는가 하면 또 생겨나기를 종잡을 수 없이 반복하는 것이 뜬구름을 능가하고도 남음이 있다. 그 생각이라는 것은 과거, 미래, 현재를 거리낌 없이 왔다 갔다 하는가 하면, 그 내용도 엉뚱하기 짝이 없는 경우가 많다. 그러자니, 사람의 마음이 한때도 편하지 않고, 늘 들떠 있는 것이다. 들떠 있는 상태에서 되는 것은 아무 것도 없다. 나무도 뿌리를 땅속에 깊이 내려야 큰 바람에도 흔들림 없이 자라고, 건물이나 다른 시설도 기초가 단단해야 오래 견디는 것처럼, 사람의 마음도 들뜸이 없이 고요하고 안정됨을 유지해야 하는 것이다. 그래서 선정禪定 : samadhi에 드는 것을 앞의 마음챙김을 관觀이라고 하는 것과 연결지어 말할 때 '그친다止' 고 하는 것이다. 이 생각 저 생각하며 돌아다니는 것을 그치고 고요하게 머문다는 뜻이다.

선정, 곧 마음을 집중시켜 삼매에 드는 방법으로는 드나드는 숨을 세면서 세밀하게 관찰하는 수식법數息法 : anapanasati을 비롯하여, 화두話頭를 들고 앉아 큰 의단疑團을 일으켜 모든 생각을 그에 집중하는 화두선話頭禪에 이르기까지 많은 방법이 있으나, 생각을 집중시켜 고요한 한 마음이 되도록 한다는 점에서는 공통된다. 바른 선정을 실행한다는 것은 매순간을 바르게 알아차려 자기 것으로 하는 것이다. 사실, 우리의 일상적 삶을 들여다보면 무엇을 위한 누구의 삶인지조차 분명하지 않은 경우가 많음을 부인하기 어렵다. 우리는 과연 지금 내가 무엇을 하고 있는지? 내가 참으로 하려는 일이 무엇인지? '나' 라는 것은 과연 무엇인지? 등에 관하여 마음을 집중하고 살펴보는 일이 얼마나 자주 있는지 생각해 보면 놀랄 정도로 무관심하고 판에 박힌 생활을 반복하고 있음을 알 수 있을 것이다. 아무 데에도 뿌리를 내리지 못하고 물결에 흔들려 이리저리 떠다니는 부평초浮萍草와 크게 다를 것이 없다. 그래서 흔들리지 않도록 확고히 뿌리를 내리고 매순간 생각을 집중하여 고요한 한 마음이 되라는 것이다. 생각을 집중하여 고요한 한 마음이 된다는 것은 곧 자기를 찾아 자기에게 돌아가는 일이다.

앞에서 바른 마음챙김을 보았지만, 마음챙김과 선정은 따로따로 떨어진 것이기 보다는 서로 불가분不可分의 보완적인 관계에 있다. 바른 마음챙김은 바른 선정을 전제로 하는가 하면, 바른 마음챙김 없는 바른 선정은 큰 의미가 없다. 삼매三昧 : samadhi와 비파샤나vipashyana를 불가분의 일체로 보는 이유도 바로 여기에 있는 것이며, 그래서 중국의 선가禪家에서는 지관止觀이라는 말을 즐겨 쓰는 것이다. 인도에서 알게 된 한 요기Yogy는 저자에게 말하기를 "깊이 집중하면 순간에 몰입하게 될 것이고, 그러면 당신이 곧 순간이 된다."고 말한 것을 기억한다. 그래서 종종 삼매를 몰입沒入 : absorption으로 번역하기도 한다. 흔히, 선정이라고 하면 가부좌를 틀고 앉아서 하는 것을 연상하지만, 자세나 때와 장소를 가리지 않고 선정을 실행할 수 있는 것이다. 행주좌와行住坐臥, 곧 걷거나 머물거나 앉거나 눕거나를 가릴 것이 없다. 다만, 가장 보편적으로 행해지는 방법이 좌선坐禪일 뿐이다.

붓다께서는 여러 가지로 집중방법을 가르치셨지만, 특기할 만한 것으로는 무아無我와 무상無常을 들 수 있다. 무아는 우리가 접촉하는 모든 것이 서로 의존관계에 있다는 것을 알게 함으로써 독단에 흐르는 것을 막고 밖에서 들어올 괴로움을 쉽사리 막아낸다는 것이다. 또, 무상은 탐욕과 집착을 완화함으로써 괴로움으로부터 쉽게 벗어날 수 있게 한다. 그럴 수밖에 없는 일일 것 같다. 왜냐하면, 모든 것은 무아이기에 무상하지 않을 수 없고, 무상으로 인해서 괴로움이 생긴다는 것을 터득하면, 벌써 괴로움은 저 멀리에 가 있게 될 것이기 때문이다.

2. 끊어야 할 다섯 가지

붓다께서는 괴로움의 원인이 되는 좋지 않은 다섯 가지 덮개五蓋가 있다고 하시면서, 이들은 마땅히 끊어야 함을 강조하셨다. 이들 다섯 가지란 탐욕, 성냄, 잠, 들뜸 및 의심이다. 근래에 가끔 귀에 들리는 웰다운well-down이라는 것도 실은 이들 다섯 가지를 내려놓아 없애라는 것이다. 이들에 대해서는 위의 괴로움의 원인부분에서 살펴보았기 때문에, 여기에서는 중복을 피하는 범위 안에서 이들을 끊음에 관해서 간단히 보기로 한다.

1) 탐욕: 탐욕貪欲이란 무엇인가를 얻고자 매달려 집요執拗하게 욕심을 부리는 것을 말한다. 곧 어떤 욕망에 탐착하는 심리상태를 가리킨다. 며칠 전 저자의 사무실 가까이에 있는 백화점에서는 북새통이 벌어졌다고 한다. 이른바 명품세일에 몰려든 사람들 때문이었다. 명품이라면 값의 고하를 가리지 않고 어떻게든지 손에 넣고 보겠다는 심성心性이 바로 탐착인 것이다. 탐욕은 끝을 모르는 것이 그 특징의 하나이다. 방법을 다 동원하여 한 가지 욕망을 이루고 나면, 마치 기다렸다는 듯이 다음 욕망이 고개를 들고 나서고, 그와 같은 반복은 끝이 없이 이어지니, 늘 그 탐욕을 좇느라 마음의 여유가 생길 틈이 없음은 물론, 손에 넣으려는 것을 얻지 못하면 괴로워한다.

어디 그뿐인가? 그처럼 애타게 갖기를 원하여 갖은 고생 끝에 겨우 손에 들어온 것이 날이 감에 따라 퇴색하고 낡아가니 속이 편할 리가 없다. 그러나 제행무상諸行無常으로 표현되듯이, 모든 것은 변하고 결국은 망가져 사라지기 마련이니, 그에서 벗어날 수 있는 예외는 하나도 없다. 애써 얻은 명품이 퇴색하고 낡아가는 모습을 보는 마음이 괴로울 것은 당연한 일이다. 그러니 명품을 탐할 것이 아니라 자기가 바로 명품이 되도록 힘쓸 일이다. 선인先人들이 소욕지족少欲知足, 곧 욕망을 줄이고 만족할 줄 알도록 강조한 이유를 알만하다. 모든 것은 일시적인 존재에 불과하다는 진리를 알고서야 어찌 탐욕에 물들 수 있겠는가?

2) 성냄: 성냄이란 유쾌하지 않은 충동으로 왈칵 치미는 노여운 감정을 말하는데, 불교에서 삼독三毒의 하나로 드는 진에瞋恚, 곧 자기의 뜻에 어그러짐에 반응하여 보이는 분노를 가리킨다. 성냄은 그 바탕에 강한 아상我相이 도사리고 있어, 모든 일에 항상 '나'라는 것을 앞세우는 편견이 작용함으로써 빚어지는 심리상태인 것이다. 그러나 앞에서도 설명한 바와 같이 '나'라는 실체가 따로 있는 것이 아니고, 의사전달의 편의상 붙여진 대명사에 불과한 것이다. '너' 없는 '나'가 있을 수 없고, '나' 없는 '너' 또한 있을 수 없는 것이며, 엄격히 본다면 '나'나 '너'라고 분별할 만한 것 자체가 없이 오직 '우리'가 있을 뿐인 것이다. 그러니 누가 누구에게 화를 낼 것인가? 화를 내 보았자 누워서 침 뱉기나 마

찬가지 일이다.

몇 년 전 틱낫한 스님이 쓴 '화'라는 책이 베스트 셀러로 널리 읽힌 적이 있다. 그 책은 성냄의 원인을 분석한 다음, 화를 가라앉히고 성냄을 없애는 방편을 제시한 것인데, 독자들의 많은 공감을 불러왔던 것으로 기억한다. 그 책이 그처럼 많은 공감을 샀다는 것은 일상생활에서 그만큼 화를 냄이 많고 그로 인한 괴로움이 크다는 것을 실증한 것이라고 할 수 있다. 성냄의 주된 원인은 한 마디로 아집我執에 있다. '나'라는 것에 대한 집착만 버리고, 마음의 문을 활짝 열고 보면 성낼 일이 없다. 그래도 화가 나면 길고 깊은 숨深呼吸을 두세 번 쉬고 나면 화는 저절로 가라앉고 마는 것이 보통이다.

3) 수면: 수면睡眠, 곧 잠은 사람의 건강을 유지하기 위해서 필요한 것이지만, 잠의 유혹에 빠지면 오히려 건강을 해칠 뿐만 아니라 괴로움을 낳게 된다. 수면욕은 오욕五欲의 하나로 든다. 사람은 의외로 수면에 대한 욕구가 강하여 기회만 되면 자거나 졸기가 일쑤다. 그런데 문제는 잠은 잘수록 는다는 데 있고, 잠이 올 때에 자지 못하는 고통은 이루 말할 수 없다. 그렇기 때문에 고문拷問의 한 방법으로 잠을 재우지 않는 방법이 쓰이기까지 한다.

잠은 습관들이기 마련이다. 사실, 사람이 자고 있는 시간은 죽은 것이나 마찬가지다. 잠은 활력活力을 재충전하기 위해서 필요한 이상은 삶의 낭비라고 할 수 있다. 잠들어 있는 동안은 실생활과는 단절되고, 우리의 의식은 꿈의 영역으로 경계를 바꾼다. 꿈은 문자 그대로 꿈에 지나지 않고 허망한 것이다. 그러니 꿈에 취할 일이 아니라, 적정한 선에서 스스로 조절하고 꿈의 실리實利만을 취할 줄 알아야 한다. 출가승出家僧의 경우 새벽 3시나 4시에 일어나 아침 예불을 올리지만, 잠의 부족으로 탈이 난 일이 있다는 말은 들어본 적이 없다. 오히려 상쾌하고 마음이 가벼워진다는 것이 중론衆論이다.

4) 들뜸: 앞에서도 설명한 바와 같이 마음이 안정되지 못하고 들썽거리는 상태를 말하는 것으로서, 마음이 들뜨면 그만큼 불안한 것이다. 사람들은 무엇인가 자신이 없을 때 또는 뜻하지 않은 크게 기쁜 일이 생길 경우 마음이 들뜨는 예를 많이 본다. 마음이 들뜨는 것은 정상적인 심리상태가 아니므로 마음이 불안해지고, 결국 근심으로 이어지는 것이 보통이다. 그렇기 때문에, 긴경緊經[36]에서는 들뜸을 다스려 마음을 안정되게 할 것을 강조하고 있는 것이다. 선인들이 마음을 천금千金처럼 무겁게 지니도록 되풀이 말한 것도 같은 맥락에서의 일이다.

36) 잡아함 28: 767.

5) 의심: 의심이란 제대로 이해하지 못하고 의문을 담은 눈으로 보는 심리상태를 가리킨다. 의심이 많은 경우를 질병시疾病視하여 의증疑症이라 부르기도 한다. 의심이 많은 사람은 남의 말을 믿으려 하지 않고, 매사每事에 의아한 시선으로 대하기 때문에 사람들이 경원敬遠의 대상으로 여기는 것이 보통이다. 그렇게 되면, 본인은 자기의 마음에 흡족하지 않아 괴롭고, 남들이 제대로 상대하여 주지 않아 괴로워하게 된다. 그 뿐만 아니라, 남을 믿지 않고 의심의 눈을 하여 부정적으로 보는 것 자체가 부도덕한 일이 아닐 수 없다. 사람의 삶은 긍정적이어야 한다. 설혹, 긍정적인 삶으로 말미암아 손해가 생겨 괴로운 일이 생기더라도 그것은 일시적인 일에 그치고, 길게 보아 오히려 도움이 된다는 것은 우리의 일상에서 경험을 통하여 잘 아는 일이다.

제3. 분별심은 괴로움의 산실産室

괴로움을 낳는 큰 원인의 하나로 앞에서 분별심을 들었거니와, 괴로움을 없애는 첩경은 모든 일에 분별에서 오는 차별을 버리고 고르게 보는 것이라고 할 수 있다. 위에서도 살펴본 바와 같이 사람은 모든 일에 거의 본능적으로 이원적二元的인 대립관계를 설정하여 선을 긋고, 자기 쪽만을 한사코 지키고 키우려 든다. 그러나 그러한 성향이 자기 혼자만의 일이 아니라 거의 모든 사람의 공통된 일이다 보니 자연히 그 경계선을 놓고 다툼이 생기고, 다투면 이겨야 하는데 늘 이길 수도 없는 일이다. 그러니 괴로울 수밖에 없는 노릇이다.

우리가 살고 있는 세상의 삼라만상森羅萬象은 물론, 이 우주 속의 어느 하나도 본래부터 그 스스로 존재하는 고유한 실체는 없다. 모두가 일정한 원인에 따라 상호의존相互依存하는 관계에서 존재하고 있을 뿐이다. 그렇기 때문에 '나'와 '너', 이것과 저것, 좋고 나쁨을 구별하는 본래의 구획선區劃線이란 있을 수 없는 것이며, 오히려 이들은 서로 보완하는 관계에 있을 뿐이다. 그것을 억지로 인위적人爲的으로 분별하자니 문제가 벌어지는 것이다. 많은 경經이나 조사祖師의 어록에서 한결같이 분별심을 여의도록 강조하고 있는 것은 그것이 바로 괴로움을 없애는 첩경이기 때문이다.

만일, 이 세상에 본래 분별할 무엇인가가 있다면 그것은 마땅히 분별해야 할 것이다. 그런데, 이 세상에는 분별을 해야 하는 실체는 존재하지 않는다. 없는 것을 편협偏狹된 관념에 근거하여 억지로 있는 듯 다루려니 무리가 따르는 것이고, 무리하게 한 것은 뒤에 반드시 탈이 나기 마련이다. 분별이 바로 그 좋은 예이고, 그래서 분별은 괴로움을 낳는다고 하는 것이다. 사람들이 분별하는 것은 사실은 서로 보완관계에 있는 것이 보통이다. 그것을 우리의 편협한 관념에 따라 인위적人爲的으로 분별 하자니 뒤에 탈이 나고, 탈이 나면 마음이 괴로울 것은 당연한 일이다.

제4. 숨 고르기

1. 숨이 끊긴 것이 곧 죽음이다

사람은 물질적인 육체와 정신적인 마음으로 이루어졌다는 것은 누구나 아는 사실이다. 한편, 사람은 다른 모든 동물과 마찬가지로 삶을 이어가고 건강을 유지하기 위해서 매일 음식을 섭취하고 숨을 쉰다. 음식을 먹는 것은 육체의 건강을 유지하는 데 필요한 성분을 공급하기 위한 것이고, 숨을 쉬는 것은 공기를 빨아들여 그 가운데 들어 있는 에너지와 필요한 원자를 인체에 공급함으로써 활기活氣를 유지하려는 것이다. 이들 두 가지의 기능 가운데, 사람들이 주로 관심을 갖는 것은 음식을 섭취하는 일이라는 것은 우리의 일상생활을 통해서 잘 아는 일이다. 때맞추어 식사를 하되, 같은 값이면 좋은 음식을 먹으려 애쓰며, 심지어 '먹기 위해서' 산다거나 '먹는 것이 취미'라는 사람이 있을 정도이다. 그러나 정작 따지고 보면 하루 이틀이나 길게는 10여일을 굶고 음식을 섭취하지 않아도 죽지는 않는다. 그래서 이른바, 단식斷食이 가능한 것이다.

그와는 달리, 숨은 단 5분만 쉬지 않아도 죽게 된다. 그래서 단식투쟁斷息鬪爭이라는 말은 들어본 적이 없다. 그런데도 사람들은 그처럼 소중하고 치명적致命的인 호흡呼吸에 대해서 무관심無關心한 것이 보통이다. 숨을 쉬되, 의식함이 없이 그냥 본능적으로 호흡을 반복하고 있을 뿐이다. 그러자니, 숨은 으레 그냥 본능적으로 쉬어지는 것으로 알고, 숨에 관해서 잘 이해하지 못한다. 사실, 숨은 마음의 상태를 가장 잘 나타내준다. 사람의 숨 쉬는 상태를 보면 그의 마음 상태를 어느 정도는 짚어볼 수 있다. 화가 나면 거의 예외 없이 숨이 거칠어지고, 걱정거리가 심하면 한숨이 나오며, 의기소침意氣銷沈하면 숨이 약해지는 것을 알 수 있다. 어디 그뿐인가? 사람이 죽는다는 것은 나간 숨이 들어오지 않는 상태를 가리키는 것일 뿐이다. 이처럼 소중한 숨을 아무런 생각 없이 본능적으로 쉬고 있을 뿐만 아니라, 숨에 대하여 큰 관심을 갖지 않으니 딱한 일이 아닐 수 없다.

2. 숨을 의식하기

앞에서 숨의 소중함을 지적하였거니와, 숨의 중요성 때문에 여러 종교에서는 수행방법의 하나로 호흡법이 자주 거론擧論되는 것이며, 붓다께서도 아나파나사띠에 관한 여러 설법安那般那經 : Anapanasati sutra[37]에서

37) 잡아함 29: 803 安那般那念經(2); 잡아함 29: 805 阿梨瑟吒經; 잡아함 29: 810 阿難經; 증일아함 7: 17 安般品 1; 붓다다사 저/김열권/이승훈 역, 붓다의 호흡법 아나빠나삿띠, 2007.

호흡법이 수행 요체의 하나임을 강조하신 것이다. 여기에서 말하는 아나파나Anapana의 아나ana란 들숨을 말하고 파나pana는 날숨을 뜻하며,사티sati는 마음챙김을 뜻하는 말이다. 숨은 잘 쉬어야 건강에 좋을 뿐 아니라, 마음을 안정시키고 괴로움에서 멀어지게 한다. 그러면, 과연 어떻게 하는 것이 숨을 잘 쉬는 것일까? 숨은 의식하면서 쉬어야 한다. 마치 밥을 먹을 때 시각視覺과 미각味覺을 통해서 보고 느끼면서 먹듯이, 숨도 숨을 쉬고 있는 상태를 느끼면서 쉬어야 한다.

숨은 조용히 가늘고 길게 쉬는 것이 좋다. 숨을 느끼면서 쉬면 숨이 저절로 가늘고 길어진다. 숨을 들이쉴 때에 지금 들숨을 쉬고 있음을 느끼고, 숨을 내쉴 때에 날숨을 쉬고 있다고 느끼면 된다. 일부러 숨을 길게 하려고 노력하지 않아도 된다. 숨을 고요하며 가늘고 길게 쉬되, 가능한 한 배로 쉬는 것이 좋다. 마음이 괴롭거나 화가 나면 숨이 짧고 빨라지지만, 그때에 의식적으로 깊은 숨을 한두 차례 쉬게 되면 괴로움이나 화는 시들어드는 것이 보통이다. 그러니, 숨은 의식하면서 쉬도록 습관을 들이도록 노력해야 한다.

붓다께서 속가俗家의 아들인 라훌라Rahulla가 출가하여 붓다 곁에서 비구로 수행할 때에 가르침을 펴신 경經[38)]이 생각난다. 붓다께서는 출가한 지 제법 되었는데도 마음을 오롯이 하지 못하는 라훌라에게 '다른 생각이 없이 오로지 날숨과 들숨의 상태를 집중하여 느끼도록' 가르치셨다. 곧, 날숨이 길면 긴 줄을 알고, 들숨이 길어도 긴 줄을 알며, 날숨이 짧으면 짧은 줄 알고, 들숨이 짧아도 짧은 줄을 알며, 들숨과 날숨을 모두 잘 관찰하여 알도록 하라고 하신 것이다. 이는 숨을 의식하고 잘 관찰하면서 쉬면 근심과 걱정을 없애고 마음을 고요하게 할 수 있음을 뜻한다고 하겠다.

앞서 선정禪定: samadhi이니 지止라는 말을 한 적이 있지만, 모두 숨을 조절함으로써 마음을 집중하고 고요히 하는 일이다. 명칭이나 구체적인 방법을 가릴 것 없이 마음을 고요히 하여 집중시키는 일은 숨과 직결되는 일임을 알아야 한다. 숨을 의식하면서 가늘고 길게 쉬면 자연히 가슴으로만 헐떡이는 숨이 사라지고 숨의 깊이가 깊어지면서 마음의 안정으로 통하게 됨을 경험할 수 있음은 물론, 결과적으로 그러한 숨을 통한 에너지의 원활한 공급을 통하여 심신의 쾌적함을 경험할 수 있게 된다.

38) 중일아함 7: 17 安般品1.

제 6 장

행복실현의 방향

위에서 우리가 당면하고 있는 괴로움과 그 괴로움에서 벗어나는 길에 관해서 간단히 살펴 보았지만, 괴로움에서 벗어남은 누가 가져다주는 것이 아니라 스스로 실천하지 않으면 아무런 의미가 없는 것이다. 마치, 위중한 환자가 명의名醫의 처방으로 좋은 약을 받았다고 하더라도, 환자가 그 약을 정성껏 정해진 시간에 직접 먹지 않는다면 아무런 효과가 없는 것과 같은 이치이다.

능엄경楞嚴經에 보면 "비록 많이 들었다 해도 만약 수행하지 않으면 듣지 않은 것과 같다. 마치 사람이 음식 이야기를 해도 먹지 않으면 배가 부르지 않는 것과 같다."[39]라는 말이 있는데 참으로 옳은 말이다. 듣고 배우는 것은 실행하기 위한 것이다. 우리가 잘 알지 못하는 먼 나라에 여행을 떠나려는 경우 미리 그곳에 관한 여러 가지 정보를 입수하고 자료를 모아 공부하는 것은 그 여행을 알차고 보람 있게 하기 위한 일인 것과 마찬가지이다.

문제는 '실천' 이라고 하지만 어떻게 실천할 것인가가 문제이다. 중국의 도림道琳 선사는 수행의 어려움을 다음과 같은 한 마디로 웅변하였다. 곧, "비록 세 살 먹은 아이도 말을 할 수 있으나, 팔십세가 된 노인도

39) 雖有多聞 若不修行 如不聞等 如人說食 終不能飽.

행하기는 어렵다."[40] 맞는 말이다. 실천이 어렵기 때문에 실천을 강조하는 것이다. 어떤 일이거나 잘 실천하려면 그 할 일에 대한 굳은 믿음을 가지고, 반드시 관철貫徹하려는 굳은 마음으로 꾸준히 실행에 옮기되 작심삼일作心三日이 되지 않도록 해야 한다. 그 뿐만 아니라, 실천을 북돋고 실천에 윤활유潤滑油 구실을 할 수 있는 방편이 함께 하면 그 실천은 더욱 큰 열매를 맺고, 바로 그 자리에 행복이 도사리고 있음을 알아야 한다.

제1. 실행하기

1. 믿음

무엇인가를 하기 위해서는 하고자 하는 일에 대한 믿음이 있어야 함은 다시 말할 나위가 없다. 아무런 확신도 없이 반신반의半信半疑로 하는 일은 될 일도 결국 좌절되고 마는 수가 많다. 화엄경의 십신법문十信法門에는 앞에서도 든 바와 같이 "믿음은 도의 근원이요, 공덕의 어머니이며, 일체의 좋은 일을 길러낸다."[41]라는 말이 있다. 종교의 경우는 더욱

40) 三歲孩兒雖道得 八十老翁行不得.
41) 信爲道元功德母 長養一切諸善法.

그렇지만, 무엇을 하던지 그 일에 대한 믿음이 없으면 하는 일의 성취가 어렵다. 왜냐하면, 모든 행위는 마음에서 울어나는 것인데, 마음이 확고하지 않으면 흔들리고, 흔들리면 오래 가지 못한다. 그래서 "벽에 틈이 생기면 바람이 들어오고, 마음에 틈이 생기면 마군魔軍이 침범한다"고 하는 것이다.

오늘날 서양의학에서 새로운 분야로 등장하여 주목을 받고 있는 심신의학心身醫學 ; Mind/Body Medicine에 관해서 간략히 언급할 필요가 있을 것 같다. 환자의 믿음이 질병의 치료에 매우 긍정적인 영향을 미친다는 점에 착안하여 체계화한 의료기법에 관한 새로운 의학이다. 마음이 몸에 미치는 효과가 얼마나 강한 것인지에 대한 확신과 환자 자신의 치유에 대한 확고한 믿음이 다양한 질병의 치유에 큰 영향을 미친다는 것이다. 그것은 서양의학에서 흔히 말하는 이른바, 플라시보 효과placebo effect와 연관된 것인데, 그 병에 대한 권위자로 알려진 의사가 환자에게 아주 친절하고 자상하게 대해주고 약을 지어 주면서 "이 약은 아주 귀한 것이니 꼭 시간을 맞추어 복용하면 1주일 정도면 나을 것입니다." 라고 일러주었을 때, 환자로서는 그 의사와 약에 대한 믿음을 바탕으로 자기의 병은 곧 나을 것이라는 확신을 가지고 약을 먹을 것이고, 그 결과 놀랄 만한 효과를 거두게 된다는 것이다. 실은 그 약은 흔한 영양제인데도, 환자는 그 약을 지어준 의사와 그 의사가 말한 귀한 약이라는 것을 굳게 믿기 때문이다.

모든 일에 믿음이 중요함을 강조하는 까닭이다. 마음의 병인 괴로움을 고치려는 경우도 결코 예외일 수 없다. 자기 괴로움의 주된 원인이 무엇인지를 잘 살핀 다음, 믿음을 가지고 치유治癒에의 길을 굳건히 실행에 옮겨야 한다.

2. 실행

위에서 살펴본 바와 같은 괴로움을 없애는 길은 스스로 가야 하는 것이고, 그것을 할 것인지 아닌지를 결정짓고 실제로 행하는 것 또한 각자의 몫이다. 괴로움을 치유하려면 그 길을 실제로 착실하게 한발 한발 걸어가야 한다. 가는 것이 귀찮다고 해서, 가는 것이 힘들다고 해서 그 길을 가지 않고 효과를 기대하는 것은 나무 위에 올라 물고기를 찾는 것과 같은 일이다. 목이 마르면 스스로 물을 마셔야지, 물이 있는 곳이나 물에 관해서 알기만 하는 것으로는 목마름이 가시지 않는 것과 같은 일이다.

앞에서 괴로움에서 벗어나는 길을 열거列擧하여 설명하였는데, 그러한 방법은 모두 동시에 실행하여야 하는 것이 아님은 물론, 반드시 지켜야 할 순서가 있는 것도 아니어서, 각자의 처지와 상황에 따라 단계적으로 실행에 옮기면 된다. 다만, 일단 행하기로 마음먹은 것은 꾸준히 그리고 착실하게 행하되, 점차 그 실행의 폭을 넓히도록 힘쓸 일이다. 그런데, 괴로움을 없애는 방법을 실행한다고 하면 이른바, 템플 스테이 temple stay처럼 특별한 과정이나 장소를 생각하는 경우가 많은데, 그것은 일반 사람들을 위한 것임을 유의할 필요가 있다. 괴로움에서 벗어나는 요체는 바로 우리의 생활 속에 있는 것이지, 멀리 떨어진 외딴 섬이나 산속에 있는 것이 아니다. 물론, 조용한 산중이나 외딴 섬이면 많은 사람이 모여 사는 혼잡한 도시와는 달리 소음騷音이나 매스컴 등에 의한 번거로움과 사람의 출입이 적어 생각을 집중하고 마음의 고요함을 유지하기가 쉬울 수도 있을 것이다.

그러나 산중山中은 산중대로 장애가 있기 마련이다. 곧, 너무 고요하고 적막하다보면 외로움에 젖기 쉽고, 한밤중의 짐승 소리에도 움츠려들기 십상이며, 무거운 눈의 무게를 지탱하지 못하고 꺾여나가는 나뭇가지 소린들 좋을 리가 없다. 그러니 지금 있는 바로 이곳이 수행하기에 최상인 곳이다. 괴로움에서 벗어난다는 것은 사람답게 살기 위한 것이고, 사람은 어울려 살기 마련이니, 지금 이곳 말고 어디에서 더 좋은 수행공간을 찾을 것인가? 우리의 일상적인 삶과 동떨어진 곳에서 마음의 평안을 찾는다는 것은 현실을 외면한 채 마음 편히 살기를 바라는 것과 같은 일이다. 사람은 남들과 어울려 모여 사는 동물이다. 그렇기 때문에, 행복은 바로 우리의 일상생활 속에 있는 것이고, 말을 주고받으며 차를 마시고 밥을 먹는 데에 있는 것이지, 깊은 산속이나 외딴 섬에 있는 것이 아니다. 그래서 대혜선사大慧禪師는 서장書狀에서 "만약 일상생활을 떠나서 따로 나아갈 곳이 있으면 이것은 물결을 떠나 물을 구하는 것이다."라고 말한 것일 게다.

괴로움에서 벗어나는 길을 간다는 것은 그리 쉬운 일이 아니다. 이 세상에 소중하고 값진 일치고 쉬운 것은 하나도 없다. 그래서 정진精進을 강조하는 것 아니겠는가? 중국의 황벽선사黃蘗禪師가 불문佛門에 들어오는 사람에게 한 유명한 말이 있다. "번뇌를 멀리 벗어나는 일이 예삿일이 아니니, 승두를 단단히 잡고 한바탕 공부할 일이다. 추위가 한번 뼈에 사무치지 않는다면, 어찌 코를 찌르는 매화향기를 얻을 수 있을 것인가?" 라는 게송이 곧 그것이다. 두고두고 새겨 지침으로 삼을 말이다. 아무튼, 괴로움에서 벗어나려면 그 벗어나기 위한 길을 스스로 걸어야 한다. 가다보면 소담스럽게 핀 화사한 꽃이 웃으며 그곳에서 반길 것이다.

제2. 사무량심의 계발

1. 왜 사무량심인가?

사무량심四無量心 : Catvari-apramanacittani, Four Immeasuable Minds이란 한마디로 한량없이 많은 중생과 편견이나 차등 없이 함께 하며 귀하게 여기는 마음을 말한다. 사무량심은 마음의 평화로운 쉼터라는 의미에서 '비하라' viharas라고도 한다. 그렇다면 사무량심을 계발하는 일은 괴로움에서 벗어나는 일과 무슨 관계가 있다는 것인가?

오늘날과 같은 격심한 경쟁사회에서는 '나'와 '나'에 속하는 소수의 사람을 제외하고는 모두 '남'이고, '남'은 모두 경쟁의 상대로 치부하는 것이 보통이다. 경쟁의 상대에게는 이겨야 하고, 그러자니 '남'은 자연히 편견을 가지고 보거나 불편하게 여기는 것이 예사이다. 그러나 그러한 심리상태는 누가 가져다 준 것이 아니고 제 스스로 지어낸 것에 불과하며, 그 심리상태는 바로 괴로움의 밑거름 구실을 하는 것이다.

그러나 제대로 알고 보면 우리는 모두 하나인 셈이다. 어느 하나의 독불장군도 없이 모두는 서로 의지하고 유기적인 '관계' 속에서 삶을 이어가는 뗄 수 없는 이웃이다. 괴로움은 그러한 '관계'가 조화롭게 돌아가지 않고, 틈새가 벌어질 때에 바로 그곳에서 생겨나고 자라는 경우가 많다. 사람 인人자가 둘이 서로 기대고 있는 꼴을 하고 있는 것은 바로 사람은 서로 의지하는 관계에 있음을 상징하며, 인간人間이라는 말 또한 사람들의 서로 섞이고 관여하는 사이를 나타내는 것이다. 어디 그뿐인가? 현대과학은 사고의 방향으로 서로 연결되고 관계됨을 강조하고 있음을 유의할 필요가 있다.[42] 그러므로 우리는 일상생활을 영위해 나감에 있어 이웃과 조화로운 '관계'를 유지하면서, 그 '관계성'을 북돋아 가야 한다. 그러기 위한 첩경이 바로 사무량심의 계발이라고 할 수 있다. 왜냐하면, 사무량심을 통해서 편견이나 차등 없는 우정友情과 동정심同情心을 발휘하고, 함께 즐기고 함께 걱정할 수 있기 때문이다. 우리가 이웃을 챙기는 이유도 바로 거기에 있는 것이며, 피차彼此가 좋자는 일이다.

2. 사무량심의 내용

사무량심, 곧 네 가지 한량없는 마음이란 무량한 상대방을 사랑하고love, 가엾이 여기며compassion, 함께 즐기고joy, 모든 편견과 차별을 버리고equanimity 대하는 마음을 일컫는다. 사무량심은 붓다께서 비구들을 상

42) Capra/Luisi, The Systems View of Life, 2014, p. 65.

대로 여러 차례에 걸쳐 가르친 것으로,[43] 그와 같은 마음이야말로 만인동체萬人同體의 관념을 담은 것이라고 할 수 있다. 사무량심의 내용을 간단히 살펴보기로 한다.

1) 사랑하는 마음慈心 : Maitri-apramana-citta은 성냄이 없는無瞋 우정友情을 바탕으로 하는 것으로, 남을 모두 사랑의 대상으로 봄으로써 한량없는 중생에게 즐거움을 주려는 마음을 말한다. 이와 같은 사랑하는 마음은 남에 대하여 증오憎惡하거나 성냄을 멀리함으로써 자신의 마음을 정화淨化하는 구실을 하게 된다. 사랑하는 마음이 투철하면 그때그때의 상황이나 상대방이 자기에게 하는 태도에 영향을 받지 않게 된다.

2) 가엾어 하는 마음悲心 : Karuna-apramana-citta은 남의 괴로움을 덜어주려는 생각을 바탕으로 하여, 괴로움에 직면하고 있으면서도 어찌하지 못하는 무력無力한 사람을 가엾어 하고 그 괴로움을 덜어주려는 마음을 말한다. 가엾어 하는 마음은 상대를 가리지 않고 자기의 능력이 미치는 범위 안에서 모든 사람에게 고루 갖는 것이어야 함은 물론이다. 이와 같은 가엾어 하는 마음은 변화무상變化無常한 현상을 통하여 공空에 대한 이해를 돕는다. 가엾어 하는 마음은 상대에 대한 조력助力의 결과를 즐

43) 잡아함 27: 743 자경慈經, 잡아함 37: 1042 비라경鞞羅經.

기되, 보상을 염두念頭에 두지 않음이 특징이다.

3) 즐거운 마음喜心 : Mudita-apramana-citta이란 다른 사람의 행복과 행운을 보고 기뻐하는 마음으로, 남이 잘 되도록 돕는다거나 남의 기쁨을 자신의 기쁨처럼 즐거워하는 것이다. 그러므로 이는 질투나 시기와는 거리가 멀 뿐만 아니라, 그와는 반대의 개념이다. 즐거운 마음을 닦아 익히면 의식세계意識世界가 훌륭해진다고 한다.

4) 고른 마음捨心 : Upeksa-apramana-citta이란 중생을 차별함이 없이 고르게 봄으로써 언제나 적정寂靜을 유지하는 마음의 상태를 말한다. 그러므로 고른 마음의 요점은 모든 존재에 대하여 일체의 차별을 버리고 균형 있는 마음을 유지하는 데 있다. 여기에서 사심捨心이라고 하는 이유도 온갖 편견과 차등을 버린 고른 마음이라는 뜻에서 유래된 것이어서, 고른 마음을 닦아 익히면 자연히 남과 겨루려는 마음이 멀어짐으로써 무소유의 관념이 수승해진다고 한다.

3. 사무량심의 효과

사무량심을 닦아 익힐 것을 권하면 별 신통한 반응이 없거나 도인道人이 되라는 것이냐 하며 핀잔을 주는 경우를 많이 보았다. 사무량심의 실행이 어렵게 느껴질 수도 있고, 사무량심의 내용을 듣고 보면 무조건 남을 좋게만 보고 질투나 시기를 해서는 안 되며 속 좋은 이웃 아저씨처럼 되라는 것이니 도인처럼 느껴질 법도 하다. 그러나 도인이면 무엇이 나쁘고 무슨 탈이 있다는 것인가?

위에서 간단히 보았듯이, 사무량심이야말로 괴로움의 주범主犯이라고 할 수 있는 다섯 덮개五蓋를 원인부터 끊어 없애는 첩경이어서, 참으로 괴로움에서 벗어나려고 한다면 사무량심을 닦아 익히는 것 이상의 효과적인 길이 없다. 몇 가지 예를 간단히 들어보기로 하자. 먼저, 사랑하는 마음Love을 기르면 소극적으로는 남에 대한 증오심憎惡心이나 악의惡意가 사라짐은 물론, 적극적으로는 무아無我를 제대로 이해함으로써 실체도 알 수 없는 '나'를 내세워 탐貪하고 집착執着하는 마음을 바로 잡을 수 있을 것이다. 가엾어 하는 마음Compassion을 닦아 익히면 자연히 냉혹冷酷하고 몰인정沒人情함에서 벗어남은 물론, 남들이 경험하는 괴로움이란 중생의 무명無明에서 비롯된 것이어서 자기 자신도 결코 그 예외가 아님을 이해할 수 있게 된다. 셋째의 즐거운 마음Joy은 질투嫉妬나 성냄에 대치되는 것이어서, 우리 모두는 유기적인 상관관계相關關係에 있음을 생활화하는 것이 된다. 곧, '나'와 '너'의 경계를 허물고 상호부조相互扶助하는 관계를 돈독히 함으로써 좁게는 자기 마음의 고요함을 돕고, 넓게는 사회 전체의 평화에 이바지 하는 효과를 기대할 수 있다. 끝으로, 고른 마음equanimity은 편견과 차별에서 오는 불화不和를 없앰은 물론, 갈등葛藤의 소지를 미연에 제거함으로써 괴로움의 예방에 큰 도움을 줄 수 있다.

제3. 행복 가꾸기

앞에서 행복을 가로막는 괴로움에서 벗어나는 것에 관하여 살펴보았는데, 괴로움에서 벗어난다고 바로 행복해지는 것은 아니다. 괴로움을 없앰으로써 행복해질 수 있는 바탕이 마련되는 것뿐이다. 행복해질 수 있는 토양을 장만하면 행복의 씨앗을 뿌리고 정성드려 가꿔야 한다. 행복은 누가 가져다주는 것이 아니라 스스로 키워서 마련하는 것이고, 따라서 각자의 몫이다.

사람들이 바라는 것치고 이 세상에 쉬운 것은 하나도 없다. 정도의 차이는 있을지언정 각자의 꾸준한 노력이 필요하다. 그래서 우리의 삶의 질質은 사람마다 노력에 정비례한다고 하는 것이다. 행복도 결코 그 예외가 될 수 없다. 행복을 실현하기 위한 노력은 괴로움에서 벗어난 뒤의 과제課題가 아니라, 동시적同時的인 것이라고 할 수 있다. 괴로움을 없애기 위한 노력과 함께 행복을 도모하여야 한다. 그럼으로써 괴로움에서 벗어나는 일을 보다 효과적으로 할 수 있을 뿐 아니라 행복의 길을 단축할 수 있다. 이제 행복의 씨를 뿌리고 가꾸어 나가는 기본적인 방편을 간단히 살펴보려고 한다.

1. 긍정적인 마음

앞에서도 언급한 바와 같이 행복은 마음의 작용이며, 긍정적인 마음이 행복으로 이끄는 길이다. 사사건건事事件件 부정적이고 의심투성이의 마음에서는 행복이 싹틀 수 없음은 물론, 오히려 거꾸로 괴로움만 키워 나가게 된다. 같은 일을 놓고 긍정적으로 생각할 수 있는가 하면, 부정적인 견해를 가질 수도 있으며, 의심을 품기로 들면 한정이 없는 것이다. 그런데, 통계적으로 보면 긍정적이거나 부정적인 생각은 사안事案에 따라 다를 수도 있지만, 사고思考의 큰 틀은 사람에 따라 거의 고정적이어서, 긍정적인 생각을 하는 사람은 일반적으로 그 방향을 유지하는가 하면, 부정적인 사고에 젖은 사람은 가능하면 부정적으로 보려고 하는 경향이 두드러진다고 한다. 같은 일이라도 긍정적으로 보면 마음이 편한데, 부정적으로 생각하면 마음이 복작거리기 마련이다.

그러므로 행복하려면 먼저 긍정적인 마음으로 마음의 안정을 도모하는 것이 첩경捷徑이라고 할 수 있다. 그런데, 사람들 가운데에는 선천적先天的이든 후천적後天的이든 부정적인 생각이 몸에 밴 사람도 결코 적지 않다. 그러한 사람의 경우는 마음을 조련調練함으로써 긍정적인 마음으로 전환하도록 힘써야 한다. 프랑스의 세포과학자이자 불교 승려인 매튜 리카르Matthieu Ricard가 말한 바와 같이 "사람은 계속 변하는 입체적인 흐름"이어서 우리의 뇌는 생각에 따라 변할 수 있다.[44] 우리가 계속 변화할 수 있다는 것은 불교에서 말하는 것처럼 '나' 나 '마음' 에 본질적인 성질이 없음을 나타낸다. 오히려, '나' 나 '마음' 은 매우 유동적인 것이라고 한다.[45] 그러니, 설혹 부정적인 사고의 성향을 가진 사람이라고 하더라도 각자의 생각과 노력에 따라 얼마든지 긍정적인 방향의 사고로 전환할 수 있음을 유의할 필요가 있다.

1, 2년 전의 일로 기억한다. 출근하려고 준비를 하면서 TV 화면을 보자니 마침 KBS의 '아침 마당' 프로가 진행 중인데, 홀 한가운데 놓인 널찍한 탁자 위에 웬 사람이 앉아 있지 않은가? 자세히 보니, 그 사람은 두 팔이 없는 것 같고, 앉은 모습이 두 다리도 없는 것처럼 보였다. 이상히 여겨 그 사람을 자세히 뜯어보면서 프로그램의 진행에 귀를 기울이자, 내 관찰대로 그 사람은 사지四肢가 없는 사람이었다. 바로 호주 브리즈번Brisbane에 주소를 둔 닉 부이지치였다. 그 사람은 선천적으로 사지가 없이 태어나 온갖 고생을 딛고 일어나 지금은 장애인 복지재단인 '사지 없는 사람들' 의 대표로 전 세계를 돌아다니면서 행복나누기운동을 전개하고 있다. 그 사람은 말했다. "적어도 객관적으로 볼 때, 사지

44) Begley, Sharon, Train Your Mind Change Your Mind, 2007, p.9.
45) 앞의 책 p.13.

가 없는 나보다 더 불행한 사람은 없다고 생각할 것이다. 그러나 행복은 외모에 있는 것이 아니라, 그 사람이 무엇을 어떻게 생각하고, 무엇을 어떻게 하는가에 달린 것이다. 세상 사람들은 내가 이상하게 생겼다고 하지만, 내가 보기에는 모든 사람은 제각기 이상한 점을 가지고 있다." 옳은 말이다. 처지가 어렵거나 신체에 장애가 있더라도 포기하지 않고 희망을 가지고 그 어려움을 극복하려는 노력을 계속하면서 모든 것을 '긍정적'으로 생각한다면 바로 그곳에 행복이 있는 것이다. 행복이란 누가 만들어주는 것이 아니고, 누가 가져다주는 것도 아니다. 행복이야말로 스스로 진지하게 추구하는 자만이 차지하는 것이지, 보너스처럼 그냥 주어지는 것이 아니다. 닉은 참으로 행복을 누릴 만한 자격이 충분한 사람으로 여겨졌다. 그는 성한 사람들을 앞에 놓고 시종 웃음 띤 얼굴과 재치 있는 말로 그 사람들이 행복할 수 있는 길을 설명하면서 '긍정적'인 마음을 가지라고 역설하고 있으니, 그 이상의 아이러니가 어디에 또 있겠는가 싶다.

사지가 없이 태어나 자라는 과정에서 그라고 해서 어찌 하늘이 짓누르는 것 같은 괴로움과 땅이 꺼질 것 같은 좌절감이 없었겠는가? 오죽했으면 그가 말한 것처럼 어렸을 때에 세 차례나 자살을 시도했겠는가? 그러나 태어났으니 최선을 다해서 살아보겠다는 집념과 괴로움을 극복하고 행복해질 수 있다는 긍정적인 생각으로 눈물겨운 노력을 지속한 것이 오늘의 새로운 그를 탄생시킨 것이다. 실험결과, 실제의 감정과 관계없이 행복한 것처럼 행동하면 뇌가 '긍정적' 인 감정을 발산한다는 결과가 드러난다는 것이다. 솔깃한 말이 아닐 수 없다.

2. 감사하는 생활

우리의 매일 매일의 삶은 자세히 생각해 보면 '나' 혼자의 힘으로 이루어지는 것이 아니라, 이루 헤아릴 수 없이 많은 것의 도움에 의존하는 것이다. 대부분의 사람이 겉모습만을 보고 살다 보니 자신의 삶은 오로지 자기의 노력의 결과인 것으로 잘못 알고, 따라서 이웃에 대하여 감사할 줄을 모르고 지나는 것이 예사이다. 우리가 선진서구국가先進西歐國家에 여행하면서 가장 많이 느끼는 것 가운데 하나는 그 사람들은 '감사합니다' thank you와 '미안합니다' 또는 '실례합니다' excuse me를 거의 입에 달고 사는 것 같다는 점이다. 그에 비해서, 우리는 '감사하다' 거나 '미안하다' 는 말에 퍽 인색한 것이 사실이다. 물론, 서구 사람들이라고 해서 모두 깊은 감사의 관념을 갖고 마음에서 우러나 '감사하다' 거나 '미안하다' 는 말을 하는 것은 아닐 것이다. 그것이 생활화되다 보니 습관적으로 그와 같은 말이 자연스럽게 입에서 나올 수도 있다. 반대로 우리의 경우, '감사하다' 는 말에 인색한 것은 꼭 그런 마음이 없어서라기보다도 익숙하지 않아 쑥스럽고 왠지 자연스럽지 않아 입에서 그런 말이 나오지 않는 것뿐인 예도 많을 것이다.

습관은 마음을 움직이고, 바로 그 마음이 모든 것의 바탕에 있는 것이다. 행복도 마음이 느끼는 것이고, 괴로움도 마음이 괴로운 것이다. 화엄경에서도 삼계유심三界唯心, 곧 삼계는 마음뿐이요, 일체유심조一切唯心造, 곧 모든 것은 마음이 만든다고 하지 않았는가? '감사하다' 는 말을 하면 자기도 모르는 사이에 감사를 느끼게 되고, 감사를 느끼면 감사한 마음이 들게 된다. 최근 뇌신경과학의 성과에 의하면 실제 생각과 관계없이도 감사하다는 말을 함으로써 뇌에서는 감사를 느끼는 긍정적인 작용이 일어난다고 한다. 그렇기 때문에, 긍정적인 생각을 권하는 것이며, 그리스의 철학자 에픽테토스Epictetus는 "가지지 못한 것을 슬퍼하기보다는 가진 것을 기뻐하는 사람"이 되라고 가르친 것이다.

잘 생각해 보면 우리 주변의 모든 일이 감사할 일들이다. 자기는 논근처에도 가보지 않고 좋은 쌀을 구하여 하루 세 끼 밥을 먹을 수 있고, 많은 돈을 주고 산 것이기는 하지만 만일 자동차 공장에서 많은 사람이 땀 흘려가며 자동차를 만들어내지 않았던들 제아무리 많은 돈이 있어도 자동차를 가질 수 없을 것이며, 방풍防風과 방한防寒 효과가 뛰어난 섬유로 만든 겨울옷을 만들어냈기에 추운 겨울에도 큰 탈 없이 활동할 수 있음은 물론, 햇볕과 물 및 공기 등 모두가 고마운 것뿐이다. 거기에 비하여, 자기가 남이나 다른 것을 위하여 얼마나 도움을 주고 있는지를 생각해 본다면 고개를 갸우뚱거리지 않을 수 없다. 그러니 참으로 감사하는 마음을 가지고 살 일이며, 그러면 자연히 마음이 넉넉해지고 행복의 싹이 자라게 될 것은 자연의 이치이다. 그래서 '감사한 마음' 을 생활화 하자는 것이다.

3. 나누는 즐거움

얼마 전 중앙의 한 일간지에 보도된 이야기 한 토막이다. 미국의 여자프로골프LPGA에서 활약 중인 한국의 한 어린 여자 프로골퍼인 C양은 시즌 중에는 세계를 돌며 골프경기에 여념餘念이 없는 나날을 보내지만 시즌을 마치면 어려운 이웃을 돕기 위하여 연말에는 어김없이 귀국하여 이웃돕기에 팔 걷고 나선다는 것이다. 그는 올해에도 연말을 맞아 국내에 머무는 동안 어려운 이웃을 위하여 적지 않은 돈을 기부하였고, 지금까지 기부한 금액이 4억원을 넘는다고 한다. 그래서 그는 '기부의 천사' 니 '그린 위의 산타' 라는 별명을 얻었다고 한다. 그는 심정을 묻는 기자에게 "나눌 수 있다는 사실 자체가 기쁘고 행복하다. 기부는 아름다운 중독인 것 같다." 고 담담하게 말했다고 한다. 그러나 이보다 더한 예가 얼마든지 있음을 생각한다면 가슴이 찡해 옴을 어찌할 수 없다. 예컨대, 서울에 있는 어느 대학 경비원으로 근무하던 K씨는 120만원에 불과한 월급을 아껴 모은 돈 1억원을 자기보다 어려운 처지의 사람을 위하여 기부했는가 하면, 군 복무 중 사고로 하반신이 마비된 뒤 휠체어에 의지하여 살면서도 회사를 세워 운영 중인 N회장은 1억원을 기부하여 오너 소사이어티 1호 회원이 되었음을 우리는 기억한다. 나아가, 서울 마포에서 10평 남짓한 조그마한 빵집을 하는 K씨는 2013년 5월 빵집을 연 때부터 매일 팔다 남은 빵과 매출 금액의 3%를 모아 지역의 비영리자선단체인 '마포희망나눔'에 기부하고, 1년에 한 차례씩 갖는 '빵데이'에는 그날의 매상을 모두 기부하는데, 연간 기부금액은 약 2,300만원 내외라고 한다. 아무런 어려움이 없는 사람이 자기가 쓰고 남는 것을 나누어 주는 것은 그리 어려운 일이 아닐 뿐 아니라, 큰 의미도 없다. 진정한 나눔이란 자기도 넉넉하지 않은 상태에 있으면서 자기보다 더 어려운 이웃을 위하여 그 넉넉하지 않은 것을 나눔으로써 함께 하려는 마음가짐이다. "콩 한 톨도 나누어 먹는다."는 우리의 속담이 있지만, 참으로 맞는 말이다. 한국여자골프협회 소속으로 유망주로 지목되고 있는 어린 P양은 올해 상금수입 중에서 1억원이라는 적지 않은 돈을 기부한 소감을 묻는 기자에게 "어느 순간부터 제가 오히려 행복해지는 것을 느꼈어요. 제가 노력해서 남을 도울 수 있다는 것이 정말 감사한 일이라는 것을 알게 되었어요."라고 답했다고 한다.

원래 '내 것'이란 없고, 모으려는 욕심에는 끝이 없는 법이다. 많은 사람은 있으면 더 가지려는 것이 속성屬性이다 보니, 욕심은 또 다른 욕심을 낳고, 그 욕심은 갈수록 풍선효과를 내어 끝을 모르는 탐욕으로 발전하게 된다. 그러나 그 탐욕이 채워지기란 거의 불가능한 일이고보니 스스로 불만이 쌓이고 괴로워하기 마련이다. '기부'를 말하면 적지 않은 사람들은 자기는 아직 기부할 처지가 못된다고 부정적인 입장을 취하는 예가 많다. '나눔'은 꼭 많아야 하는 것이 아니고, 적으면 적은대로 의미가 있는 것이며, 얼마 되지 않는 것이라도 이웃과 함께 한다는 생각으로 나누면 거기에 서로 기쁨이 싹트는 것이다. '나눔'의 규모나 결과 보다 '나눔'으로써 이웃과 함께하려는 마음가짐이 중요하다. 비워야 들어갈 여유가 생긴다. 채우기만 하면 어디로 들어가겠는가? 작은 것이라도 나보다 더 어려운 이웃과 나눔으로써 진정한 삶의 의미를 맛보고, 즐거움을 누려야 한다. 버는 기쁨을 나누는 즐거움으로 채울 때 바로 그곳에서 행복이 자라는 것이며, 원래 얻는 기쁨보다 나누는 즐거움이 훨씬 크고 의미 있는 것이다. 행복을 바란다면 모름지기 나눔의 생활화가 필요하다. 나눔의 뜻은 크기에 있는 것이 아니라 나누려는 마음가짐에 있는 것임을 유의할 필요가 있다.

제 7 장

현대사회에서의 행복

제1. 현대사회의 병폐

앞에서 괴로움에서 벗어나고 행복을 키우기 위한 길에 관하여 개략적으로 살펴보았으므로, 마지막으로 행복을 위해서 우리가 삶을 영위하고 있는 현대사회는 어떠한 모습으로 우리와 접하고 있는지를 간단히 살펴보고자 한다. 위에서도 간단히 살펴본 바와 있지만, 현대사회를 특징지어 부르기를 흔히 세계화 시대, 정보시대, 경쟁시대, IT시대 또는 혁신의 시대라고 한다. 이들의 어느 하나로 오늘날의 사회를 대변할 수는 없지만, 적어도 이들은 모두 현대사회의 단면斷面을 잘 반영하는 것이라고 할 수 있다.

그런데 이들을 살펴본다면 그들 속에 공통적으로 내포된 특징을 엿볼 수 있다. 곧, 판이 커졌다는 것, 경쟁이 심화되었다는 것, 시간에 쫓긴다는 것 및 관행慣行이 통하지 않는다는 것 따위는 현대사회에서 벌어지고 있는 특징적인 현상들을 잘 나타낸다. 종전에는 한 나라나 한 지역 안에서 이루어지고 그치던 일들이 이제 전 세계를 대상으로 활동의 무대가 넓어지고, 정치나 군사적인 문제를 제외하고는 국경國境이 무색하게 되었다고 해도 과언이 아니다. 그러다 보니 경쟁의 내용과 방법이 더욱 치열하고 집요해진 것을 부인할 수 없다. 어디 그뿐인가? 경쟁에 이기려니 빨리 빨리가 지배하고, 모든 것을 혁신이라는 이름 아래 성과위

주成果爲主로 뜯어 고치지 않을 수 없게 되었다. 이러한 현상들은 자연히 사람을 부품部品의 하나로 전락시키고, 정신적 긴장에서 한때도 벗어나기 어렵게 만든 것이 사실이다. 그러자니 사람들은 강박관념强迫觀念에 시달리는 나날을 보내지 않을 수 없고, 여기에 현대사회에서 볼 수 있는 정신질환 및 자살률 급등急騰의 원인을 찾을 수 있다. 그러니 행복은 차츰 멀어져만 가는 느낌이다.

흔히 말하기를 오늘날을 가리켜 "물건은 넘치지만, 사랑은 메마른 사회" 라고 하는데 참으로 그렇다. 과학기술의 비약적인 발달과 자본주의적 시장경제로 말미암은 개발과 생산성 제고로 물질적 풍요를 이룬 것은 사실이나, 그에 따른 물질만능주의의 보편화로 모든 것을 물질이 해결할 수 있는 것처럼 오도誤導하는 풍조가 만연하다보니 자연히 이기주의적인 경향이 고개를 들지 않을 수 없게 된 것이 사실이다. 그것은 '내 것이 없으면 끝' 이라는 극단적인 사고를 자아내고, 결국 이기주의에 기름을 부은 꼴이 된 것이다. 거기에 스마트폰의 보편화에 따른 페이스북, 트위터 및 카카오톡과 같이 사람들을 실시간으로 연결시켜주는 디지털 매체의 자극은 우리가 무엇인가에 오랜 동안 집중하지 못하게 만들고, 늘 스마트폰에서 눈을 떼지 못하게 하여 주의를 분산시킨다. 현대적 삶이라고 하면 거의 예외 없이 삶의 물질적 경계에 대해서만 관심을 가질 뿐, 내면적 가치나 윤리적인 문제에는 소홀한 것이 사실이다. 이러한 현상은 정작 사람들이 오랫동안 집중하여 사고하거나 관찰해야 할 일에 집중력을 흐트러뜨리고 있다.

앞에서 본 바와 같이 현대사회가 보여주고 있는 일련의 특징적인 일들은 사람들이 스트레스에 쌓여 만성적인 괴로움 속에서 헤어나지 못하게 하는 요인으로 작용하고 있다. 그러니 괴로움에서 벗어나는 일이야말로 현대사회에 있어 필수적으로 요구되는 일이라고 아니 할 수 없다. 그러한 의미에서 위에서도 언급한 바와 같이 명상은 오늘날 각자에게 요구되는 필수 생활방식의 하나라고 할 수 있다. '명상'이라고 하면 흔히 종교를 연상하게 되지만, 명상은 종교의 직접적인 내용이나 수단이 아니고, 마음의 안정과 집중력을 함양하는 수단으로 종교에서 폭넓게 활용하고 있을 뿐이다.

명상은 마음을 안정시키고 한곳에 집중하는 데 가장 효과적인 방법임에 틀림없다. 마음을 집중한다는 것은 모든 일의 성패와 직결直結되는 일이다. 마음이 산만해서 이것저것 뒤척여서는 될 일도 되지 않는다. 그렇기 때문에, 마음의 집중이 가장 강하게 요구되는 선문禪門에서는 참선參禪에 주력하는 것이다. 그런데 사람들은 온종일 보내면서도 자기의 마음에 대해서는 한 차례도 생각해 봄이 없이 무심하게 보내는 것이 보통이다. 눈에 보이는 얼굴이나 몸에는 하루에도 여러 차례 관심을 보이면서도, 정작 중요한 마음은 돌볼 생각조차 하지 않는다. 우리를 이루고 있는 가장 중요한 부분인 마음에 대해서 하루에 단 10분, 아니면 5분이라도 생각해 보고, 그 마음이 흐트러지지 않고 고요함을 유지하도록 노력할 필요가 있다. 마음을 효과적으로 다스리는 일이야말로 복잡성이 극에 달한 현대사회를 지혜롭게 살아가고, 괴로움을 없애기 위한 첩경이라고 할 수 있다.

제2. 행복 키우기

위에서 괴로움을 없애고 행복을 가꾸는 길에 관하여 살펴보았는데, 괴로움에서 벗어났다고 해서 바로 행복해지는 것은 아닐 뿐만 아니라, 행복은 계속해서 보살피며 키워나가야 한다. 앞에서도 언급한 바와 같이 행복해지려면 행복의 싹을 틔우고 가꿀 뿐만 아니라, 잘 자라도록 마음을 쏟아 키워야 한다.

통계에 의하면, 부나 권력 또는 환경이 행복에 미치는 영향은 10% 내지 15%에 불과하다고 한다. 이를 두고 에드 디너Ed Diener는 "사람이 세상을 이해하는 방식이 객관적인 상황보다 주관적인 행복이 훨씬 중요하다는 것을 보이는 것이다."라고[46] 주장하였지만, 행복은 돈으로 살 수 있는 것이 아니다. 그것의 좋은 예가 바로 부탄Bhutan이다. 누구나 아는 바와 같이, 부탄은 히말라야 중턱의 협곡을 끼고 자리한 작은 나라로, 150만 명 정도에 불과한 인구의 대부분은 불교신자로서 티베트어를 사용하면서 전통적인 농사와 가축을 기르는 것으로 생업을 삼고 있으며, 국가라고는 하지만 외교권外交權을 인도에 위탁하고 있는 실정이다.[47]

46) Diener, "Subjective Well-Being", Psychological Bulletin 96(1984), 542.
47) 부탄은 1947년에 영국의 보호령에서 독립하였으나, 2년 뒤인 1949년에 외교권을 인도에 위탁하였다.

그럼에도 불구하고, 국민총행복지수GNH는 세계에서 1위에 올라있다는 것이 그러한 상황을 실증하고도 남음이 있다.

행복은 저절로 오는 것이 아니고, 그것을 받아들이는 여부는 오로지 우리 각자의 몫이다. 또, 행복을 원한다고 해서 하룻밤 사이에 이루어지는 것도 아니요, 하루하루 끈질긴 노력의 결실인 것이다. 결국, 행복은 각자의 마음에 달린 문제라고 할 수 있다. 자기가 추구하는 행복을 기대하려면 행복의 씨앗을 뿌려 싹이 트도록 노력하고 행복의 싹이 탐스럽게 자라도록 정성들여 가꾸어 잘 키워야 한다. 그러려면 위에서 본 바와 같이 먼저 공空의 진리, 곧 사람을 비롯한 이 세상의 모든 것은 본래 그 자체로써 스스로 존재하는 것은 하나도 없고 모두 인연이 닿아 여러 인자因子가 모여 구성된 것에 지나지 않아 반드시 변하고 결국은 사라져 본래의 위치位置로 돌아간다는 근본적인 이치를 제대로 이해함으로써, 만물萬物은 상호의존相互依存하고 유기적有機的으로 관계되는 것임을 인식하여 생활화生活化하여야 한다.

현대과학은 살아있는 것들은 단순한 분석으로는 제대로 이해할 수 없으며, 모든 개체個體는 본래 고유한 실체가 아니라 전체와의 관계 안에서 파악되어야 함을 이해하게 되었다. 결국, '전체'는 '부분'의 집합 이상이라는 것이다.[48] 모든 것은 상의상관관계相依相關關係에 있다는 것을 제대로 안다면 실체實體도 제대로 알 수 없는 한 부분으로서의 '나'를 내세운 집착이나 분별에 매달리지 않고 모든 일을 고르고 긍정적으로 인식하게 될 것은 당연한 일이다. 행복은 바로 그러한 마음과 함께하는 것임은 앞에서 여러 차례 언급한 바와 같다. 이웃은 결코 남이 아니다. 그러기에 이웃과 잘 어울리고 서로 감사하며 나누라는 것이다. 행복이라고 해서 무슨 고차원적高次元的인 특별한 처방處方이 필요한 것이 아니다.

마음이 편하고 삶이 흐뭇하게 느껴지는 상태가 되면 이미 행복이 자라고 있다는 증거가 아니겠는가! 그런데, 그러한 것을 이루어내는 첫째 조건으로 화목한 가정을 꼽지 않을 수 없다. 부모와 자식, 부부, 형제와 같은 가족 구성원은 적어도 산업화 이전 단계에는 한 울타리 안에서 생활단위를 이루었기 때문에, 당시의 가족관계는 특히 가부장제家父長制의 역할에도 힘입어 비교적 밀접한 관계에서 화목하고 원활하게 유지되는 것이 보통이었다. 그러나 산업화가 촉진됨에 따라 부득이 직장을 찾아가는 이농현상離農現象이 잦아지고, 그것은 결국 핵가족화核家族化와 도시화를 촉진함으로써 가족단위는 소형화小型化 되지 않을 수 없게 된 것은 일종의 자연적인 현상으로 치부된다. 그렇다 보니, 생활상의 갖가지

48) Capra/Luisi, 앞의 책 p.66.

어려움에 대한 완충역할緩衝役割을 할 가정이 반쪽이 되어 제대로 윤활유역할潤滑油役割을 할 수 없게 된 것이 사실이다. 그러나 그런 가운데에서도 가장 가깝고 뗄 수 없는 관계에 있는 것이 가족이라는 이름의 이웃이다. 가장 가까이에 있는 가족 사이에 화목하지 못할 때, 그 보다 먼 위치에 있는 이웃과의 관계가 원만하지 못할 것은 짐작하고도 남음이 있는 일이다. 그렇기 때문에 모처럼 심은 행복을 잘 키워나가기 위한 첫째의 조건이 화목한 가정인 것이다. 가장 가까운 관계인 가족끼리도 화목하지 못한다면 더 멀리 있는 이웃과 어찌 우호적友好的일 수 있겠는가?

또, 행복을 위한 조건의 하나로 안정된 직장을 들 수 있다. 직장은 생업生業의 터전이기 때문이다. 7, 80년대 까지만 하여도 청년실업이니 대졸실업자大卒失業者 소리는 별로 들을 수 없었던 것으로 기억한다. 그러나 요새는 당면한 사회적 문제 가운데 중요한 것의 하나가 청년취업青年就業이다. 그런데 희한한 것은 대기업은 취업이 어렵고, 반대로 중소기업은 구인난求人難이라는 사실이다. 언뜻 이해하기 어려운 일이나, 잘 생각해 보면 알만도 하다. 청년들의 '눈높이' 가 달라졌다는 것이다. 경제규모가 작고 개개인의 생활이 어려웠을 때에는 청탁淸濁을 가려 직장을 구할 여유가 없었고, 특별한 경우를 제외하고는 취업할 수 있다는 것만이라도 다행으로 생각하였던 것이 사실이다. 그러나 1인당 국민소득이 3만불을 바라보는 단계에 이르자 청년들의 눈높이가 달라졌음을 부인할 수 없다. 적어도 3D산업이나 발전성의 보장이 없는 중소기업에 대한 매력을 느낄 수 없게 된 것이다. 결국, 지향하는 이상과 눈앞에 펼쳐진 현실 사이의 괴리乖離가 커지고, 그에 따른 불만만 쌓이게 된 셈이다. 작은 일상日常을 등지고 너무 큰 것만을 추구한 결과라고 할 수 있다. 현실을 직시直視하여야 한다. 철학이나 종교적으로 볼 때 현실은 허상虛像이라고 하더라도, 우리는 이 현실 속에서 현재의 생활을 이어가고 있는 것이니, 그 현실에 눈을 감을 수는 없다. 현실을 바로 보고, 불가피한 현실은 받아들여야 한다. 물론, 청년취업난의 원인이 위에서 든 것이 전부는 아니다. 컴퓨터의 생활화와 컴퓨터 기법技法의 발달로 말미암아 적지 않은 전문적 일자리가 사라진 것도 부인할 수 없는 사실이다. 그러나 행복은 어디에나 있다. 문제는 마음먹기에 달린 일이다. '화목한 가정' 도 '안정된 직장' 이 밑받침될 때 더욱 행복지수를 높일 수 있다.

제3. 인간다운 노년

글을 맺음에 앞서 노인老人문제에 관하여 약간 다룰 필요가 있을 것 같다. 행복하거나 불행하거나 가릴 것 없이 사람이면 누구나 예외 없이 늙고 병이나 죽음을 맞이하게 되기 때문이다. 근년 들어 사람들의 평균 수명이 길어지면서, 오히려 노화방지老化防止니 안티에이징Anti-aging이나 웰다잉well-dying 등의 용어가 말하듯 노년층의 삶과 평안한 죽음에 대한 관심이 높아지고 있다. 노인도 사람인 이상 인간다운 삶을 추구할 권리가 있음은 물론, 값있고 건강한 삶에 대한 욕구는 다른 연령층에 비하여 오히려 더 강렬할 수 있고, 눈앞에 닥친 죽음에 대한 관심이 높다는 것은 매우 자연스런 현상이라고 할 수 있다.

1. 태어남, 늙고 병들고 죽음

사람은 이 세상에 태어나 삶을 유지하면서 점차 늙고 병들어 결국 죽음이라는 이름으로 이 세상에서의 삶을 마치게 된다. 인류역사를 통하여 사람으로 태어나 죽지 않은 사람은 단 한 명도 없다. 그것은 사람에 한정된 일이 아니고 모든 생물에 예외가 없는 일이다. 붓다께서는 12지인연十二支因緣의 마지막 두 가지로 생生과 노병사老病死를 드셨다. 필자는 처음에 왜 '노병사'를 한 카테고리category로 묶은 것인지를 이해하지 못하다가, 스스로 나이가 70고개를 훨씬 넘고 나서야 그 뜻을 이해할 수 있게 되었다. 사람이 살아감에 있어 병이 없을 수는 없으나, 어리거나 젊었을 때의 병은 일시적, 국부적局部的인 것이 보통인데 대하여, 노년층의 병은 간헐적間歇的이거나 거의 상시적常時的이면서 다발적多發的이라는 특징을 갖는 것이 예사이고, 그러한 현상이 심해지다가 결국 죽음에 이르게 된다는 것을 알게 되었다. 그러므로 옛말에도 있듯이 '늙음'은 '병'과 함께 하는 것이고, 그 연장선상延長線上에 죽음이 있는 것이다. 그러니, '노병사'는 한 부류部類로 묶는 것이 타당한 일이다. 이처럼 '노병사'를 하나의 카테고리로 보는 것은 노인문제를 다룸에 있어서 요구되는 하나의 방향을 제시하는 것이라고도 할 수 있다. 늙음, 노인병 및 죽음은 서로 불가분리不可分離의 관계에 있기 때문이다.

우리나라의 경우, 지난 2000년에 65세 이상인 노인인구가 전체 인구의 7%에 달함으로써 고령화사회高齡化社會에 접어들었고, 2015년 말에 이미 노인인구가 전체인구대비 약 13.1%에 달하여 고령사회를 눈앞에 두게 되었다. 그에 더하여, 원광대학 장수과학연구소장인 김종인교수 연구팀의 조사 연구에 의하면 65세 이상 노인의 1.6%가 100세 이상까지 살 수 있을 것이라고 한다.[49] 이와 같은 장수현상長壽現象은 노인층의

49) 국제학술지 '국제노인과 인간개발' 2016. 1.호 게재.

생활환경과 죽음에 관한 문제의 절박성切迫性을 드러낸 것이라고 해도 결코 과언이 아니다.

2. 노인문제의 현주소

근래에 와서 백세시대百歲時代니 장수시대長壽時代라는 말을 자주 들을 수 있게 되었지만, 참으로 격세지감隔世之感을 느끼지 않을 수 없다. 1980년대까지만 하여도 인생칠십고래희人生七十古來稀라고 하여 70세까지 사는 것을 매우 희귀한 예로 보았고, 따라서 성대한 고희연古稀宴을 하는 것이 보통이었다. 그러나 지금은 교통사고 등으로 인한 사고사事故死라거나 뜻밖의 질병 따위로 세상을 뜨는 경우가 아니면 70고개를 넘기는 것이 오히려 일반적인 예라고 할 만큼 되었다. 그러니 노인문제가 심각한 사회문제로 등장하지 않을 수 없게 된 것이다.

이처럼 사람의 수명이 획기적으로 연장되게 된 것은 의약醫藥의 발달에 기인한 것과 경제적 여건의 변화로 인한 생활여건의 향상으로 인한 것을 들 수 있을 것이다. 아프리카 오지奧地 등 일부 국가의 예외는 있지만, 대부분의 국가는 식생활이나 주생활이 향상되어 위생관념이 크게 개선됨으로써 유아사망률幼兒死亡率이 현저하게 낮아져 사람의 평균수명을 크게 끌어올렸다. 거기에 급격히 발달한 과학기술을 바탕으로 한

의술의 발달은 심장수술이라던가 장기이식 등 과거에는 상상조차 할 수 없던 진료診療를 가능하게 만들었고, 그것이 사람의 수명 연장에 크게 이바지한 점은 아무도 부인할 수 없을 것이다. 한편, 생명공학生命工學 : biotech의 발달 등에 힘입은 신약개발新藥開發이 생명연장에 기여한 공功 또한 도외시度外視할 수 없다. 아무튼, 이런 저런 사정으로 사람의 수명은 획기적으로 늘어나고, 주변에서 90세를 넘기고도 사무실에 출근하여 간단한 업무를 처리하는 것을 볼 때, 참으로 희한함을 느끼지 않을 수 없다.

사람의 욕심 가운데 하나로 수명욕壽命欲을 들지만, 오죽하면 금강경金剛經 등에서 수자상壽者相을 사상四相[50]의 하나로 들었겠는가? 생겨난 것은 반드시 사라진다는 평범한 진리를 모르는 것은 아니지만, 사람들은 누구나 할 것 없이 거의 맹목적으로 오래 살려고 안간 힘을 쓰고, 오래 살기 위해서라면 물불을 가리지 않는다. 그래서 건강에 좋다는 것이나 수명을 연장하는 약이라면 값이나 혐오성嫌惡性 여부를 따질 겨를이 없다.

이쯤에서 오래 산다는 것이 과연 무엇인지 짚어보지 않을 수 없다. 의식이 있고 심장이 박동搏動하면 살아 있는 것으로 보는 것이 보통이

50) 사상四相이란 아상我相, 인상人相, 중생상衆生相 및 수자상壽者相을 말한다.

니, 오래 산다는 것은 그러한 삶의 상태가 오래 유지되는 것을 뜻한다고 할 수 있다. 결국, 생명이 붙어있는 상태가 오래 유지되는 것을 장수長壽라고 하는 셈이다. 그러나 그것은 생물학적biological 관점에서의 이야기에 불과한 것 같다. 숨만 붙어 자리에 누운 채 100세를 넘기면 무슨 의미가 있는 일인가? 오히려 끔찍한 일이 아닐 수 없을 것 같다. 그러니 오래 산다는 것은 어느 정도 건강을 유지하면서 스스로 최소한의 인간다운 구실을 할 수 있는 상태가 오래 유지되는 것을 가리킨다고 해야 하지 않을까 싶다. 이를 구태여 이름을 붙인다면 사회적 관점에서의 장수라고 할 수 있을 것이다. 미국의 의료계醫療界에서는 노인이 8가지 일상적인 활동을 스스로 하지 못할 경우 기본적인 신체독립성身體獨立性이 결여된 것으로 판정하는데, 그것은 화장실 가기, 밥 먹기, 옷 입기, 목욕하기, 머리 손질하기, 침대에서 일어나기, 의자에서 일어나기 및 걷기의 8가지이다. 또, 일상생활상日常生活上 8가지의 독립적 활동 곧 쇼핑, 간단한 요리, 일상적인 가사, 간단한 세탁, 약 복용, 전화사용, 가까운 외출, 기본적인 금전계산 등을 스스로 하지 못하면 독립적으로 안전하게 살 능력이 없는 것으로 판정한다고 한다. 그러니 오래 산다는 것은 기본적인 생활을 유지할 수 있는 최소한의 활동능력을 갖춘 상태가 지속되어야 함을 뜻한다고 하겠다. 이는 다분히 미국적인 생활을 바탕으로 한 기준이지만, 우리에게도 시사示唆하는 바가 크다.

그러나 노인층의 신체적, 정신적인 노화老化와 그와 함께하는 갖가지 질병, 곧 늙음과 질병의 불가피한 현상에 효과적으로 대처함으로써 노인층의 육체적 건강과 정신적 안정을 확보할 필요가 절실함은 재론의 여지가 없다. 그러기 위해서는 노인들이 인간다운 노후老後를 누릴 수 있도록 하는 제도적 배려와 함께, 각 개인의 자각自覺이 필요한 일임도 또한 당연한 일이다. 당면한 노인문제 가운데 대표적인 것이라고 할 수 있는 것을 들면 다음과 같다.

1) 의료제도: 미국의 노인병문제 전문의인 실버스톤Felix Siverston 박사에 의하면 "노화과정老化過程에 관여하는 단일하고 일반적인 세포 체제는 존재하지 않는다."고 한다. 리포푸신과 활성산소로 인한 손상, 무작위로 벌어지는 DNA의 변형, 및 그 외에 수많은 미세포상의 문제가 축적되면서 일어나는 문제로서, 그 과정은 점차적이면서도 가차 없이 진행된다고 한다.[51] 정도의 차이는 있으되, 늙어가면서 모든 사람은 뼈와 치아는 물러지지만, 몸의 나머지 부분은 경화된다는 것이다. 혈관, 관절, 근육, 심장판막, 심지어 폐마저 칼슘이 축적되면서 딱딱하게 굳어간다고 한다. 심장근육은 점점 두터워지되 다른 근육들은 반비례적으로 가늘어진다.[52] 이러한 변화는 정도와 시간적인 차이는 있을 망정 모든 노인층에 공통되게 찾아드는 문제이다. 위와 같이 노인층에게 찾아드는

51) 아툴 가완디/김희정 역, 어떻게 죽을 것인가, 2015, p. 63.
52) 앞의 책 pp. 56, 57.

현상은 당연히 상시적常時的이고 다발적多發的인 갖가지 질병을 유발誘發하지만, 이러한 노인병은 적당히 관리하는 것은 가능하겠지만 근본적으로 고칠 수는 없다는 문제를 안고 있다. 왜냐하면, 이는 사람이 사는데 있어서 찾아오는 하나의 필연적인 과정이기 때문이다.

여기에 대두되는 문제가 의료제도상의 결함이다. 현재의 의료제도는 급격히 증가하고 있는 노인병에 효과적으로 대처하기에는 결함이 많다. 의료보험醫療保險을 통한 지원이 있기는 하지만, 그것은 의료에 드는 비용보전費用補塡에 국한되는 것이지, 의료 자체와는 직접 관계가 없다. 앞에서 노인병은 다분히 복합적인 것임을 지적한 바 있고, 또 그것은 근본적인 치유治癒가 어렵다는 것도 언급한 바 있다. 오죽하면, 여기저기가 아프다는 노인에게 어디가 좋지 않으냐고 물으면 "아픈 곳을 세는 것보다 아프지 않은 곳을 세는 것이 쉬울 것 같다."는 웃으갯소리의 답이 돌아오겠는가? 노령인구가 급속도로 늘고 있는데도 노인병문제를 전문적으로 다루는 노인과 전문의제도가 제도적으로 확립되지 않고 있으니, 노인병으로 병원을 찾으면 자연히 관련되는 각 과의 진료를 받을 수밖에 없고, 가뜩이나 힘없고 불편한 노인이 여기저기로 끌려 다니지(?) 않을 수 없는 노릇이다. 영아嬰兒 내지 소아小兒들의 사망률이 높던 때에 소아병문제를 전문으로 다루는 소아과小兒科 전문의제도가 확립된 것처럼, 늦었지만 지금이라도 의료계에 노인과老人科를 제도화할 일이다.

2) 활동조건: 노령에 달하면 일부 자영업자를 제외하고는 거의 모두가 사회의 뒷전으로 밀려나게 된다. 처음에는 그래도 친구도 찾아보고, 일부러 일을 만들어서라도 외출을 하거나 즐기던 운동도 계속한다. 그러나 날이 감에 따라 이런저런 이유가 겹쳐 외출이 줄어들고 결국 집안에 칩거蟄居하게 되니 노화현상은 가속화 할 수밖에 없는 노릇이다. 사람은 크거나 작거나, 수입이 따르거나 따르지 않거나 관계없이 무엇인가 일을 할 때에 보람을 느끼고, 삶을 즐길 수 있는 것이다. 사실, 노인은 대부분 풍부한 지식과 경험의 보따리라고 해도 과언이 아니다. 건강이 허용하고 본인이 원하기만 한다면 그 풍부한 지식과 경험을 사회에 환원還元시킬 수 있는 기회를 마련하는 것이 국가적으로나 개인적으로 크게 이로운 일임은 재론의 여지가 없는 일이다. 얼마 전에 인터넷internet을 통해서 알게 된 이야기이지만, 미국의 젤레스니코Jelesnico라는 102세 된 여교사에 관한 것이다. 그는 81세부터 현재의 초등학교에서 근무하고 있는데 유치부에서 5학년까지의 수업을 주당週當 35시간씩 담당하여, 그 학교 교사들의 아이콘icon이 되고 있다고 한다. 그는 "좋아하는 일을 하는 것이 장수의 비결이며, 할 수 있는 일을 함으로써 보람과 행복을 느낀다."고 한다는 것이다.[53] 그러니, 노인들이 지니고 있는 귀중한 지식과 경험을 효과적으로 사회에 되돌리면서feed back, 스스로도

53) 2016. 1. 23. naver internet news.

보람을 느끼고 행복한 노년老年을 보낼 수 있는 수 있는 합리적인 제도가 아쉽다고 하겠다.

3) 소외감: 노인층에게 소외감疎外感 만큼 심각한 것도 드물 것이다. 흔히 사람은 사회적 동물이라고 하지만, 사람은 남들과의 '관계' 속에서 삶을 이어가는 동물이고, 원만한 '관계' 속에서 보람과 행복을 느낄 수 있음은 물론이다. 지금부터 반세기 전 필자가 어렸을 때까지만 하여도 우리나라는 농본사회農本社會의 틀을 유지하고 있어 가부장제家父長制를 바탕으로 한 대가족제도 아래 2, 3대가 한 울타리 안에서 생활하는 것이 보통이었다. 그렇기 때문에 노인이 되어도 많은 가족과 함께 생활함은 물론, 집안 어른으로서의 권위도 여전히 유지되는 상태가 계속되었다. 그러므로 노인이 된다고 해서 별다른 소외감이 생길 여지없이 비교적 편안한 노후를 보낼 수 있었다고 할 수 있다. 그러나 1970년대에 접어들면서 산업화의 물결과 함께 찾아온 도시화와 핵가족화核家族化는 가족을 부부 단위로 갈기갈기 찢어놓았고, 근년에 와서 볼 수 있는 미혼율의 증가는 1인 가구家口조차 급증하게 만들었다. 고령화高齡化는 핵가족화核家族化와 맞물려 심각한 노인문제를 불러오게 되었는데, 그 대표적인 것이 소외감疎外感 내지 고독감孤獨感의 문제이다.

자손들이 모두 떠나고 부부만 남은 세대世帶에서 고령화가 찾아오면 결국 노인이 된 부부가 서로 의지하며 지내다가, 어느 한쪽이 세상을 뜨면 결국 독거노인獨居老人이 되고 만다. 홀로 남은 쪽을 자녀子女들 중 누군가가 모시거나 돌보는 경우는 그나마 다행이지만, 주변의 예를 보아도 그런 예는 그다지 흔하지 않은 것 같다. 통계에 의하면 독거노인의 수는 2011년의 112만 4,000명에서 2015년에는 137만 9,000명으로 무려 25만 5,000명이 증가하였다고 한다. 사람이 생활을 유지해 감에 있어서 갖가지 '관계' 에서 단절斷絕된 노인들은 특별한 일부의 예외를 제외하고는 대부분 소외감 내지 고독감에 시달리고, 거기에서 오는 정신적인 괴로움은 신체적인 건강상태에도 심각한 영향을 미치게 된다. 근년에 자주 볼 수 있는 노인 자살현상의 대부분의 원인이 소외감에서 온 우울증에서 비롯되었다는 것은 결코 우연한 일이라고 할 수 없다. 서울의 경우, 파고다공원이나 약수터 등에 매일 많은 노인이 모이는 것도 실은 대화의 상대조차 없는 노인들이 자연스럽게 '관계' 를 찾아 모이는 현상이라고 할 수 있다. 다행히 정부에서는 일부 경로당이나 마을회관을 개조하여 독거노인들이 함께 어울려 살 수 있는 '공동생활홈' 을 운영할 수 있도록 지원하고 있어 현재 35개에 이르고 있는데, 큰 호응呼應을 얻고 있다고 한다. '공동생활홈' 에서 생활하고 있다는 한 할머니는 "혼자만 지내다 보니 심심했는데, 몇이서 모여 사니까 말도 더 많아지고 외롭지 않아서 좋다."라고 심정을 말하였다고 한다.[54] 이는 노인들이 당면하고 있는 소외감이 얼마나 심각한 것인지를 반증하는 것이라고 하겠다.

3. 늙고 병들며 죽음은 삶의 과정

사람은 아무리 오래 산다고 해도 반드시 죽음을 맞기 마련이다. 사람들이 아상我相, 곧 '나'라는 실체實體가 있다는 관념을 가지고 그에 집착하다보니, 죽는다는 것에 대하여 일종의 공포 같은 것을 느끼고, 될 수 있는 한 그것을 피하려고 안간힘을 쓰는 것이다. 그뿐만 아니라, 죽음을 두려워하는 것은 죽음에 대해서 잘 모르고, 죽음을 일종의 종말로 생각하는 데에서 비롯된 것 같다. 그러나 죽음은 삶의 단순한 끝이 아니고, 삶 그 자체가 지니고 있는 하나의 과정이라고 할 수 있다. 태어난 것이면 모두가 당연히 그리고 자연스럽게 지나가는 하나의 과정인 것이다. 그러니 두려워할 것도 없고, 그렇다고 즐거워할 것도 없다. 그저 담담히 지나가면 되는 것이다.

평균수명이 연장되어 노인인구가 급증하고 있는 상태에서 노인들은 오히려 더 살려는 욕구가 강해지는 것 같다. 몸에 좋다는 것이면 이것저것 가릴 여유가 없이 모두 섭취하려 들고, 행여 좋지 않은 병이나 없을까 하여 건강진단에 신경을 쓰며, 갖가지 건강비법健康秘法을 배우며 챙기느라 여념餘念이 없는 것 같다. 상황이 이렇다 보니, 약삭빠른 상혼商

54) 동아일보 2016. 1. 21. A16면.

魂이 그대로 보아 넘길 턱이 없다. 노인에게 특히 좋다는 약이 한두 가지가 아니고, 노인을 대상으로 하는 갖가지 건강강좌라거나 모임이 적지 않은 것 같다. 그러나 노화老化는 약간 늦출 수는 있겠지만 없앨 수는 없고, 노인병을 고칠 수는 없으나 어느 정도의 관리가 가능할 뿐이라는 것이 의학계의 중론衆論이다. 노인의 경우, 사망진단서상의 사인死因을 보면 대부분 호흡부진呼吸不振 또는 심장마비 등으로 되어 있으나, 호흡이 부진하지 않고 심장이 마비되지 않은 상태에서 죽을 수도 있는가? 무책임하기 짝이 없는 사망진단서라고 아니할 수 없다. 사실은 노인은 한 가지 병으로 죽음에 이르는 것이 아니라 복합적인 질병과 신체기능의 퇴화退化로 인한 요인으로 말미암은 것이 보통이다.

이 세상에 존재하는 생물을 포함한 모든 것은 본래부터 그 자체로 고유한 실체를 갖는 것은 하나도 없고, 모두 여러 인자因子가 모여 구성된 것에 불과한 것이다. 그렇기 때문에, 모든 것은 생겨 존재를 유지하면서 점차 변하다가 마침내 사라져 원래의 모습으로 돌아가는 이른바, 성주괴멸成住壞滅의 과정을 밟는다. 그러므로 생겨난 것으로서 영원히 존재할 수 있는 것은 하나도 없고, 우주에 떠 있는 셀 수 없이 많은 별조차도 중심부의 원소 고갈枯渴로 핵융합核融合이 다하면 수축하여 결국 폭발하여 사라지는 초신성超新星의 신세가 되고 만다. 그러니 우주 가운데 아주 작은 혹성인 지구에 발을 붙이고 사는 미미한 존재인 사람이 어찌 예외가 될 수 있겠는가?

결국, 태어났기 때문에 죽는 것이고, 삶이 있어 죽음이 있는 것이어서, 죽음은 삶의 결과에 지나지 않는다. 그러고 보면, 삶과 죽음은 동전의 양면兩面과 같은 것이어서, 삶에만 집착하는 반면에 죽음을 특별히 싫어하고 두려워하거나 혐오할 일이 아니다. 우리가 살아있는 동안에 할 일은 무턱대고 삶에 집착할 일이 아니라, 삶을 청산할 때, 곧 죽음에 당하여 후회하지 않을 삶으로 순간순간을 알차고 보람 있게 가꾸어 나가는 일이라고 하겠다. 떠날 때 웃지는 못할망정 후회나 두려움 없이 갈 수 있도록 말이다. 사는 동안에 할 일도 많고 또 다하지 못하고 죽는데, 죽은 뒤의 일까지 생각할 틈이 어디 있다는 말인가? 그래서 붓다께서도 죽은 뒤의 일을 물으면 무기無記로 답하지 않으셨던가! 소크라테스의 말처럼 죽은 뒤의 일은 죽으면 확실히 알게 될 것이다.

4. 내려놓기

사람이 태어나서 삶을 이어가다 죽어가는 것도 큰 틀에서 하나의 순환과정에 지나지 않고, 죽음으로써 모든 것이 끝나는 것이 아니라 순환은 계속 반복되는 것이라고 할 수 있다. 시간을 직선적直線的인 것으로 보는 서구사회와는 달리, 불교에서는 시간을 순환적循環的인 것으로 보는 연유緣由도 여기에 있다. '죽었다'는 것을 흔히 '돌아가셨다'라거나 '가셨다'라고 표현하고, 영어로도 '패스 어웨이'pass away라고 하는 것도 그런 까닭이 아닌가 싶다. 물론, 정확한 죽음 뒤의 상황은 앞에서도 언급한 바와 같이 죽으면 자연히 알게 될 일이니, 구태여 서둘 일이 아니다.

과연 그렇다면, 우리는 죽음을 두려워하거나 불안으로 맞이할 일이 아니라, 후회 없이 평안하게 죽음을 맞도록 마음의 준비를 갖출 필요가 있다. 마땅히 올 것이 왔으니 평온한 모습으로 맞이할 준비 말이다. 그러한 마음의 준비는 몸과 마음이 건강한 지금부터 서두름 없이 이루어져야한다. 다만, 한 가지 분명한 것은 행복한 삶은 죽음에 대하여 보다 대범大汎하고 보다 안정된 마음을 지니게 된다는 점이다. 현세現世는 과거의 거울이요, 내세來世의 밑그림이기 때문이다. 그러니, 좋은 죽음을 맞기 위해서라도 서둘러 행복을 가꾸어 감으로써 이른바, 행복수명幸福壽命을 늘릴 일이다. 행복수명이 따로 있는 것이 아니다. 그러기 위한 첩경이 바로 '내려놓기'라고 할 수 있다.

불교계에서는 방하放下니 방하착放下着이라는 말을 자주 들을 수 있다. 내려놓으라는 뜻이다. 무엇을 내려놓으라는 것인가? 쓸 데 없는 집착이나 탐욕을 내려놓으라는 것이다. 항간에 "노욕老欲처럼 말리기 힘든 것은 없다." 라는 말이 있는데, 바로 그 노욕을 내려놓으라는 것이다. 사람은 노년이 될수록 명예, 수명 및 재물에 대한 욕구가 강해짐으로써 자기의 건강이나 나이 또는 처지를 생각하지 않고 그 욕심에 집착한다. 그 결과는 뻔한 일이다. 허망한 꿈에 그침으로써 실망하여 우울증에 빠지거나, 주제넘은 처신으로 빈축의 대상이 되고, 심한 경우에는 남에게 해를 끼쳐 법의 신세를 지게 되는 예조차 없지 않다. 그러니 점잖은 노인답게 내려놓으라는 것이다. 제일 좋은 것은 허심탄회虛心坦懷한 마음의 상태가 되는 것이다.

잡아함의 삼법경三法經을 보면 "여기 세 가지 법이 있는데, 온 세상이 좋아하지 않는 것이다. 어떤 것이 셋인가? 이른바, 늙음과 병과 죽음이다. 이 세 가지 법은 온 세상이 좋아하지 않는 것이다. 만일 세상이 좋아하지 않는 이 세 가지 법이 없었더라면 모든 붓다, 세존께서는 세상에 나오지 않았을 것이요, 또 세상 사람들도 모두 붓다, 여래께서 깨달은 법을 사람들을 위하여 널리 펴심을 알지 못하였을 것이다."라는 부분이 눈에 띈다. 이 경이 담고 있는 뜻 가운데 하나는 사람이 늙고 병들며 결국 죽음에 이른다는 것은 불가피한 과정으로, 아무리 싫어하고 피하려고 해도 피할 수 없는 자연의 순리라는 것이다.

사실, 죽음에 대하여 어떻게 생각하는지는 그 사람의 삶에 큰 영향을 미친다는 것이 통계적인 결론이다. 죽음을 삶의 한 부분으로 받아들이는 사람의 경우, 일상생활이 훨씬 성실하고 죽음에 대한 허망한 생각으로 시간을 낭비함이 없다는 것이다. 한 가지 분명한 것은 우리가 태어나서 얼마동안 살다가 죽는다는 것은 사람 만의 독특한 일도 아니요, 우연한 일도 아니라는 점이다. 사람도 우주의 이치에 따라 천지간天地間 만물의 하나로 생겨난 존재일 뿐이다. 만물만상萬物萬象은 가만히 있는 것은 하나도 없고, 모두가 일정한 순환과정循環過程을 걷고 있다. 지구가 돌고, 달을 비롯한 모든 별들이 제 나름의 궤도를 돌고 있으며, 심지어 원자속의 전자조차 원자핵을 중심으로 끊임없이 돌고 있을 뿐만 아니라, 낮이 지나면 밤이 오고, 봄이 가면 여름, 가을, 겨울이 차례로 찾아오는가 하면, 기류는 흐르고 바닷물은 한 때를 쉬지 않고 들락거리고 있지 않는가? 그 속에서 삶을 이어가는 사람만이 예외일 수 없고, 특별히 '나' 라고 내세울 만한 것도 없다. 그렇다면, 우리는 노년에 이르러 노병사老病死에 관한 걱정에 매달려 피하려 한다거나 심란心亂해 할 일이 아니라, 평상平常의 마음을 유지하면서 나름대로의 소일消日꺼리로 담담히 지날 일이라고 하겠다.

맺는말

앞에서 우리를 뒤덮고 있는 괴로움의 구름을 걷어내고 행복한 삶을 이루기 위한 길을 간략하게 살펴보았다. 그러나 거듭 언급한 바와 같이 그 길은 우리가 실제로 가야 하는 것이지, 머리로 생각하거나 앞으로의 계획을 짜는 것만으로는 아무런 효과도 기대할 수 없다. 알면 지금 바로 실행에 옮겨야 한다. 천리 길도 첫 발을 내디딤으로써 시작된다. 조급하게 서둘 것 없이 한발 한발 차근하게 나아가야 한다. 단번에 이뤄지기를 기대하는 것은 금물禁物일 뿐만 아니라, 우리가 바라는 행복은 단번에 이룰 수 있는 것도 아니다. 작은 노력을 쌓아 큰 보람으로 연결시켜야 한다. 육중한 철문鐵門도 손가락만도 못한 열쇠가 열어제치고, 지구의 구석구석까지 통화가 가능하고 문자는 물론 동영상까지 보낼 수 있는 스마트폰smart phone도 손톱 크기만도 못한 유심USIM이 있어야 함을 생각할 일이다.

필자는 붓다와 그의 가르침을 믿고 따르는 사람이지만, 그리스도교나 힌두교 및 이슬람교 등 다른 종교를 믿는 사람들과 마찬가지로 근본적으로는 한 인간이다. 서두序頭에서도 살펴보았듯이 모든 사람은 행복하기를 바라고, 괴로움이나 번뇌에 시달리는 것을 싫어한다. 우리 개개인은 모두 행복을 추구할 권리가 있음은 물론, 괴로움에서 벗어날 자유가 있다. 여기에는 인종이나 국적 또는 종교의 구별이 없고, 성직자聖職者나 속인俗人 사이에 차등이 있을 수 없음도 물론이다. 오직 차이가 있다면 각자의 마음가짐과 그 생각을 실행에 옮기는 의지뿐이다.

앞에서 보았듯이 붓다는 괴로움을 벗어나 행복에 이르는 길을 가르쳤고, 그것은 행복에 이르는 길임이 분명하다. 문제는 우리가 그 길을 실제로 착실히 걸어가느냐의 여부에 달린 일일 뿐이다. 그 길은 우리 각자各自가 스스로 가야할 몫이지, 붓다를 비롯하여 그 어느 신神도 우리를 그곳에 업어다 주거나 은총으로 행복을 내려줄 수는 없는 일이다. 만일, 자연의 이치인 인과因果의 법을 믿고 붓다께서 보이신 길을 착실히 간다면 반드시 행복은 우리 앞에 그 풍성한 모습을 드러낼 것이나, 반대로 삼독三毒[55]에 물들어 이기적利己的인 행위에 매인다면 어느 누구도 그를 괴로움의 늪에서 구출救出해 줄 수 없을 것임은 불을 보듯 분명한 일이다. 그래서 지금 바로 행복에의 길을 서둘자는 것이다.

알았다면 지금 바로 실행에 옮길 일이다. 과거에 집착하거나 미래의 생각에 들뜰 것이 아니라, 현재에 살아야 한다. 과거는 지나간 일로 이미 사

55) 삼독三毒은 탐욕貪欲, 진에瞋恚 및 무명無明의 세 가지를 말한다.

라져 없으며, 미래는 아직 오지 않아 뜬구름처럼 잡을 수 없고, 있는 것은 오직 현재 뿐인데 그것도 한 순간이 멀다고 지나가 버려 과거가 되고 만다. 그러니, 과거나 미래의 생각에 매이는 것은 허공에 대고 손짓하듯 허망虛妄하기 짝이 없는 일이다. 통계에 의하면 통상적인 사람들의 생각을 분석해 보면 과거에 관한 생각이 약 70%이고, 미래에 관한 것이 약 20%, 현재에 관한 생각이 약 10%를 차지한다고 한다. 그만큼 사람들은 비현실적非現實的인 삶을 유지하고 있다는 말이 된다. 우리가 현실적으로 살고 있는 것은 바로 현재의 이 순간뿐이다. 그렇기 때문에, 바로 이 현재를 놓치지 말고 서둘러 행복의 길로 나서야 한다고 강조하는 것이다.

이쯤에서 글을 맺을까 생각하던 차에, 눈시울을 뜨겁게 하는 감동적인 신문기사가 눈에 띄었다. 독자들을 위하여 크게 도움이 될 것 같아 이 책의 마지막을 장식하는 뜻으로 옮기기로 했다.

천안에서 홀로 사는 지체장애 3급장애인으로 기초생활수급자인 한 여성 분의 이야기이다. 한 달의 수입이래야 기초생활수급자로서 받는 40만원 가량이 전부인데, 그것을 아껴 지난 9년 동안 매월 3만원씩을 장애인지원단체인 '푸르메재단' 등에 나누어 기부하고 있다고 한다. 그가 기부를 시작한 것은 2007년 12월부터인데, 그 경위는 단순하다. 마침 푸르메재단에서 비용의 일부를 지원받아 치과치료를 받게 되었는데, 그 치료도중 재단 측으로부터 국내에 마땅한 장애인재활병원이 없는 것이 아쉽다는 이야기를 듣자, 그는 그 자리에서 재단에 1만원씩 기부하기로 결심하고 바로 행동에 옮겼다. 한편, 독일에서 이민자 호스피스봉사활동을 하는 단체인 '동행' 등을 합쳐 도합 4곳에 매월 3만원을 쪼개서 기부하고 있다고 한다. 그는 말하기를 "내가 즐거워서 하는 일이고, 기초생활수급비도 부족하다고 생각하지 않고 거기에 맞추어 살면 된다. 여력이 안 되어 많이 기부하지 못해 아쉬울 뿐이다."라고 담담히 말한다고 한다. 사실, 그는 1971~1978년까지의 7년간 독일에서 간호조무사로 일하며 번 돈의 대부분을 국내에서 생활하는 가족에게 송금하였는데, 그는 "힘들었지만, 가족에게 돈을 보낼 수 있어 행복한 시절이었다."고 과거를 회상했다. 1978년에 귀국하였는데, 호사다마好事多魔라고 이듬해 봄에 불의의 사고로 뇌를 다쳐 전신마비全身痲痺 상태가 된 그를 병원에서조차 살릴 가망이 없다고 퇴원시켰다. 그런데, 용케도 차츰 회복되어 지금은 산책이나 스트레칭 등 간단한 운동은 가능하게 되었다니, 천만 다행한 일이 아닐 수 없다. "그렇게 엄청난 고난을 겪고 나니 어느 순간 인생이 달리 보였다. 어차피 사람은 빈손으로 왔다가 빈손으로 가는 것 아닌가? 마음의 여유만 있다면 기부는 '삶의 즐거움'이 될 수 있다. 많은 분이 기부의 즐거움을 알았으면 좋겠다."며 행복한 웃음을 지었다.[56]

56) 중앙일보 2016. 1. 13. 23면.

부록

【부 록】[57)]

전 법 륜 경〈국 역〉

이와 같이 나는 들었다. 한때 부처님께서는 바라나시의 선인이 살던 곳 녹야원에 계셨다. 이때에 부처님께서는 다섯 비구에게 말씀하셨다.

"이것은 괴로움의 거룩한 진리이다. 본래부터 일찍이 듣지 못한 법이니, 마땅히 바르게 생각하라. 그때에는 눈, 지혜, 밝음, 깨달음이 생길 것이다. 이것은 괴로움의 모임, 괴로움의 사라짐, 괴로움이 사라지는 길의 자취의 진리이다. 본래부터 일찍이 듣지 못한 법이니, 마땅히 바르게 생각하라. 그때에는 눈, 지혜, 밝음, 깨달음이 생길 것이다.

다음에는 괴로움의 진리에 대한 지혜도 본래부터 일찍이 듣지 못한 법이니, 마땅히 바르게 생각하라. 그때에는 눈, 지혜, 밝음, 깨달음이 생길 것이다. 괴로움의 모임의 진리를 이미 알았으면 마땅히 끊어야 한다. 이것도 본래부터 일찍이 듣지 못한 법이니, 바르게 생각하라. 그때에는 눈, 지혜, 밝음, 깨달음이 생길 것이다. 다음에는 괴로움의 모임이 사라지는 진리이니, 이 괴로움이 사라지는 진리를 이미 알았으면 마땅히 증

57) 붓다께서 성불成佛하신 다음 처음 설하신 가르침으로, 사람들이 당면하고 있는 괴로움의 원인 및 괴로움은 없앨 수 있는 것임을 천명하고, 그 괴로움을 없애는 길을 제시하신 경을 참고로 덧붙인다.

득할 줄 알아야 한다. 이것도 본래부터 듣지 못한 법이니, 마땅히 바르게 생각하라. 그때에는 눈, 지혜, 밝음, 깨달음이 생길 것이다. 다시 이 괴로움이 사라지는 길의 진리를 이미 알았으면 마땅히 닦아야 한다. 이것도 본래부터 일찍이 듣지 못한 법이니, 마땅히 바르게 생각하라. 그때에는 눈, 지혜, 밝음 깨달음이 생길 것이다.

다음에는 비구들이여! 이 괴로움의 진리를 이미 알고 이미 알았으면 나와서 아직 듣지 못한 법을 마땅히 바르게 생각하라. 그때에는 눈, 지혜, 밝음, 깨달음이 생길 것이다. 다시 이 괴로움의 모임의 진리를 이미 알고 이미 끊었으면 나와서 아직 듣지 못한 법을 바르게 생각하라. 그때에는 눈, 지혜, 밝음, 깨달음이 생길 것이다. 다시 괴로움이 사라지는 진리를 이미 알고 이미 증득하였으면 아직 듣지 못한 법을 바르게 생각하라. 그때에는 눈, 지혜, 밝음, 깨달음이 생길 것이다. 다시 괴로움의 사라지는 길의 진리를 이미 알고 이미 닦았으면 일찍이 듣지 못한 법을 바르게 생각하라. 그때에는 눈, 지혜, 밝음, 깨달음이 생길 것이다.

비구들이여! 내가 이 네 가지 진리의 삼전십이행에 대하여 눈, 지혜, 밝음, 깨달음이 생기지 않았으면 나는 끝내 모든 하늘, 마귀, 범천, 사문, 바라문들의 법을 듣는 대중 가운데에서 해탈하고, 나오고, 떠나지 못하였을 것이요, 또한 스스로 아누다라삼먁삼보리를 증득하지 못하였을 것이다. 그러나 나는 이미 네 가지 진리의 삼전십이행에 대하여 눈, 지혜, 밝음, 깨달음이 생겼기 때문에 모든 하늘, 마귀, 범천, 사문, 바라문들의 법을 듣는 대중 가운데에서 나오게 되고, 벗어나게 되었으며, 스스로 아누다라삼먁삼보리를 이루게 되었느니라."

그때, 세존께서 이 법을 말씀하시자, 존자 교진여와 8만의 모든 하늘들은 티끌을 멀리하고 때를 떠나 법의 눈이 깨끗하게 되었다.

그때, 세존께서는 존자 교진여에게 말씀하셨다. "법을 알았느냐?"

교진여는 부처님께 여쭈었다. "이미 알았나이다. 세존이시여."

다시 존자 교진여에게 물으셨다. "법을 알았느냐?"

교진여는 부처님께 여쭈었다. "이미 알았나이다. 선서시여."

존자 교진여는 이미 법을 알았기 때문에 이름을 아야구린이라고 부르셨다. 존자 아야구린이 법을 알자, 지신들은 소리를 높여 외쳤다. '여러분! 세존께서는 바라나시의 선인이 살던 녹야원에서 12행의 법 바퀴를 세 번 굴리셨소. 이것은 모든 사문, 바라문이나 모든 하늘, 마귀, 범천들이 일찍이 굴리지 못한 것이요. 많이 이익되게 하고, 많이 안락하게 할 것이요. 세간을 가엾이 여기시어 이치로써 이롭게 하시고, 하늘 사람들을 이롭고 편안하게 하시어, 하늘 무리들은 더욱 불어나게 하고, 아수라 무리들은 줄게 하셨소.' 라고.

세존께서 바라나시의 선인이 살던 녹야원에서 법 바퀴를 굴리신 것이기 때문에 이 경을 '전법륜경' 이라 한다.

부처님께서 이 경을 말씀하시자, 여러 비구는 부처님의 설법하신 바를 듣고, 기뻐하며 받들어 행하였다.

붓을 놓으며

장마철이면 매일 하늘이 구름에 가려 해를 볼 틈이 없다. 매일 지질지질 비가 오니 별 도리가 없겠지만, 비가 오지 않는 날에도 해를 보기가 여간 어렵지 않다. 작년의 장마철은 유난스러웠다. 비가 오는 것도 아니고 그렇다고 오지 않는 것도 아닌데, 연일連日 찌푸린 날들이 이어지니 해는 고사하고 푸른 하늘조차 볼 수가 없다. 그러니, 몸은 몸대로 무겁고, 마음은 마음대로 침울沈鬱할 수밖에 없다. 해가 없어지거나 하늘이 사라진 것도 아닌데 말이다. 푸른 하늘과 빛나는 해는 그곳에 그대로인데, 오직 짙은 구름이 가리고 있을 뿐이고, 그 구름이라는 놈이 뜻대로 되지 않을 뿐이다. 괴로움의 늪에서 헤어나지 못하고 허덕이는 중생의 마음씨 같다.

밝은 낮이 있으면 반드시 어두운 밤이 뒤따르고, 삭풍朔風이 살을 에는 겨울이 지나면 어김없이 매화향梅花香이 코를 찌르는 봄이 찾아들기 마련이다. 우리가 발을 붙이고 사는 이 지구와 태양을 비롯하여 천억 개를 넘는다는 태양계 안의 별들만 해도 모두 둥글둥글하고, 한때의 쉼도 없이 나름의 궤도를 따라 순환하고 있으며, 그 안에서 삶을 이어가는 생물들도 동動, 식물植物을 가릴 것 없이 예외를 찾아보기 힘들다. 어디 그뿐인가? 본래부터 그 자체로 고유하게 독자적으로 존재하는 것은 하나도 없고, 인연이 닿아 여러 인자因子가 모여 구성된 것에 불과하여 반드시 변하고 사라지기 마련이다. 우주만물宇宙萬物은 서로 밀접한 의존관계依存關係와 유기적有機的인 관계성關係性 속에서 존재하고 유지된다. 그러니, 순환의 리듬rhythm에 맞추어 순리順理에 따라 상의상관관계相依相關關係를 존중하고 서로 도우며 오순도순 살아가야 하지 않겠는가? 바로 거기에 우리가 찾는 행복이 소리 없이 도사리고 있다.

서구西歐의 문화를 이루는 직선적直線的인 시간감각時間感覺에서 벗어나 동양사상의 바탕에 깔린 순환적循環的인 시간감각을 되살려 순리로 살 일이다. 짙게 낀 구름만 걷어내면 바로 그곳에 눈부시게 빛나는 해가 웃음짓고 있을 테니 말이다. 행복은 멀리 있는 것이 아니요, 거창한 것을 요구하지도 않는다. 긍정적인 생각으로 감사하며 나누는 삶을 이어갈 때 행복은 소리 없이 이미 곁에 와 있지 않겠는가?

지금 행복한가?

2017년 10월 17일 초판 인쇄
2017년 10월 24일 초판 발행

저 자 이 상 규
발행인 이 주 현
발행처 도서출판 해조음
등 록 2002. 3. 15. 제 2-3500호
서울시 중구 필동3가 39-17 리엔리하우스 203호
전화 (02)2279-2343
전송 (02)2279-2406
메일 haejoum@naver.com

값 12,000원

ISBN 978-89-91107-51-9 03220